シリーズ
教師のネタ
1000
④
JN069125
そのまま使える！
学級通信の
イイ話
77
教育サークル「大阪ふくえくぼ」代表
三好真史 著

黎明書房

はじめに

学級通信を書きましょう。

学級通信は，子どもの様子を家庭へと伝える役割を担います。

教師がどんなことを考えながら教育活動にあたっているのか，その思いを伝えることもできます。

でも，出せば，出すほど，次のような困難に行き当たります。

「どうしよう。次の通信に書くことがない！」

「書くネタが無くなってしまった……」

「イイ話が，どこかにあればいいのに……」

そんな時に便利なのが本書の「学級通信のイイ話」です。

面白く，子どもにとってタメになるお話を厳選して集めました。

77 話を厳選していますので，ネタが無くなってしまった時でも安心です。その時のクラスの状況に合った本書の小話を掲載しましょう。

イイ話が載っていれば，子どももよく考えて行動するようになります。

保護者の方から，「面白い話なので，いつも家族で読んでいます」なんて喜びの声をいただくこともあります。

学級通信の空いたスペースに，本書の小話を挿入すれば，それだけで素敵な１枚の学級通信が仕上がります。

子どもの心をグッとひきつける小話で，学級通信をさらによりよいものにしようではありませんか。

2021 年4月　　　三好真史

もくじ

I 学級開きの小話

学級がはじまって間もない頃は，学級の礎を築く大切な時期。子どもが「協力しよう」「勉強しよう」と感じられるような，前向きな小話を掲載しましょう。

1　渡り鳥

「ガン」という鳥について，紹介します。

ガンは，渡り鳥です。

１羽ではなく，群れで飛びます。Ｖの字の形になって飛びます。

これを「Ｖ字飛行編隊」と言います。

なぜそういう風に飛ぶかというと，みんなで飛べば，１羽で飛ぶ時の 70%の力で飛ぶことができるからだそうです。

しかし時々，このＶ字飛行編隊から離れてしまう鳥がいるのです。

離れてしまうと，どうなってしまうのか分かりますか。

海の上ですので，休むところがありません。そのうち，飛ぶ力もなくなります。

つまり，編隊から離れてしまうことは，「死」を意味するのです。

周りの鳥は，それを見てどうするのでしょうか。

なんと，編隊の中から何羽かが出て行き，小さなＶ字を創るのです。

そして，その小さなＶの字のまま，みんなのところへ戻り，再びもとのＶ字飛行編隊を組み，飛び続けるのです。

こんな渡り鳥みたいに，今年の１年間を過ごすことができるといいなと思うのです。

はぐれた鳥というのは，クラスで言うと，「算数の問題分からない……どうしよう」というように困っている子と同じですね。

助けに行くのは，だれでしょうか。

周りの友だちとか，クラスの仲間ですね。

助け合い，支え合い，苦労を共にしながら進んでいくことができれば，素敵なチームになることができると思います。

2 忘れ物に気をつけて

体操服など，持ってこないといけない物を忘れている人がとても多いです。

これから先，「持ち物をそろえる」「期限までに提出する」など，やらなければならないことが増えてきます。

中学校に進めば，それが成績に響き，進路が変わってしまうこともあり得ます。今のうちに，しっかりと忘れ物をしない癖を身につけてほしいと思います。

大事なのは，「リマインダー」をつくることです。

リマインダーとは，「思い出させるもの」のことです。

たとえばふせんに書いてランドセルに貼っておくとか，連絡帳に書いておくとか，自分で自分にメッセージを送るのです。

未来の自分に思い出させるように手がかりをつくるのです。

まずは，「自分は，忘れてしまうことがある」と自覚することです。

そして，忘れっぽい自分のために，思い出させるための手がかりを用意しておきましょう。

そうすれば，忘れ物がずいぶんと減るようになることでしょう。

誰にだって，忘れてしまうことはあります。

でも，忘れてしまったことについて，何の対策もしないのであれば，それはよくありません。

今のうちに，忘れ物をなくすための，「自分なりのやり方」を見つけだしておきましょう。

3　挑戦するということ

「音読できる人？」と尋ねても，手を挙げるのを恥ずかしがる人がいます。

大切なのは，「できる」と思って動くことです。

あるゾウのお話を紹介します。

あるサーカスにいるゾウは，小さな木の杭に紐で結びつけられていました。ゾウは，５トンもの体重がありますので，がんばれば逃げ出すことができそうです。それなのに，ゾウはじっとしているのです。

なぜ，逃げ出そうとしないのでしょうか？

それは，「逃げ出せない」と信じているからなのです。

ゾウは，赤ちゃんの頃から，杭に結び付けられています。

その時，赤ちゃんゾウは逃げ出そうと思って何度か杭を引きました。

でも，自分の小さな力では杭は動かないことを知ったのです。

そして，そのまま大きくなっても，杭を抜くことはできないと思っているのです。本当は少し引けば抜くことができるのに，です。

今「自分は音読ができない」と思っている人は，このゾウと似ています。発表を恥ずかしがる人は，過去に失敗したことがあったのかもしれません。もしかすると，読み間違えるなど，いやな失敗をして，笑われたことがあったのかもしれません。

でも，もう昔の皆さんとは違うのです。

そのころに比べると，皆さんは成長しています。

何事も「できる」と思って，挑戦してみましょう。

4　先読みする

授業の準備が，とても早い人がいます。

国語の授業では漢字学習の用意を。算数の授業では，答え合わせの用意のできている人が増えてきました。

とてもいいことですね。

いきなりですが，皆さんの中には「車酔い」をする人はいますか。

車酔いって，辛いですよね。気分が悪くなるし，吐きそうになることもあります。

でも，車で酔いにくくなる方法があるのです。

自分で車を運転すればよいのです。

予測ができない揺れが起こると，人は気持ち悪くなってしまいます。

他人に揺すられていると気持ち悪いのです。

でも，「次に曲がるぞ」「次に石段があるから揺れるぞ」というように，先のことが分かっていれば酔わないものなのです。

指示されてから動く人は，車に乗せられている人と同じです。

「教科書を出しなさい」と言われてから出す。「ノートを書きなさい」と言われてから書く。

そういう人は，疲れやすいです。いやな気持ちになることもあります。

言われる前から動く人は，運転している人と同じ。

「次は国語だから教科書が必要だな」と考えて用意する。

「大事なことだからノートに書いておこう」と考えて書く。

「さあ，宿題をしてから遊びにいこう」と準備する。

このように，自分で考えて動く人は，疲れにくいのです。

その力は，これから先も，ずっと役に立つはずです。自分の力を高めたい人は，先を読み，自分で考えて動くようにしてみましょう。

5　リーダーとは

クラスの中で，４人組をつくりました。

○年○組は 36 人いるので，９班できます。

それぞれの班に，班長の役割を決めました。

小さいけれども，班長はそのグループのリーダーです。

リーダーは，自覚を持って行動してください。

ナポレオンという 19 世紀初めフランスの皇帝がこのような言葉を残しています。

「一頭の狼に率いられた百頭の羊の群れは，一頭の羊に率いられた百頭の狼の群れにまさる」

普通，羊の群れと，狼の群れがあれば，狼の群れが勝ちそうです。

でも，「リーダーが誰なのか」によって，羊が勝つようにもなる。

これはたとえ話ですが，要するに，「リーダーのよしあしで，その集団の優劣が決まる」ということです。

いくら班のメンバーが頑張り屋さんでも，班長がサボっている人だと，班の力は弱くなってしまうことでしょう。逆に，班長がしっかりものなら，班は強くまとまっていくことでしょう。

班長は，「班をまとめていくんだ」と，強い気持ちを持って過ごすようにしてください。

6　算数を学ぶということ

何のために，算数を勉強するのでしょうか。今日は，算数を学ぶということについて考えてみましょう。

地球から月までの距離は，約 38 万㎞あります。

とても遠くて長い距離です。高速道路を走る車の速さで，昼も夜も休みなく走り続けたとしても５ヵ月以上かかります。

ここに，１枚の紙があります。どこにでもあるような紙です。

この紙を半分に折ります。また半分に折ります。

そしてまた半分に……

このように，１枚の紙を１回２回３回と続けて折っていくと，だんだんと厚さが増えていきますね。

紙の厚さは大体 0.08㎜です。この紙を１回折ると，厚さは２倍になるので，0.16㎜。２回折ると，その２倍になるので，0.32㎜。

だんだん分厚くなるのです。

さて，ここで問題です。

紙を何回折ると，月まで届くのでしょうか。

10 回折ると，厚さは約８㎝になります。

かなり厚くなってきましたが，月まではまだまだ遠いですね。

紙を 40 回折ってみると，なんと約８万８千 km になります。

41 回ではおよそ約 17 万 km。ぐっと近づいてきました。

さらに 42 回では，およそ 35 万 km。

そして 43 回で 70 万 km。なんと，約 38 万 km を大きく超えてしまいます。たった１枚の紙でも 43 回折れば，その厚さは月をはるかに超えることが分かるのです。

さて，実際に紙を折ることができるのかと言うと，そう簡単に折ることができません。

しかし，計算の世界ではそれができるのです。

人類は，このような計算をすることによって，予測し，計算し，計画を立て，実際に宇宙へとロケットを飛ばすような偉業を成し遂げてきたわけです。

算数の勉強というのは，全てが今の生活にすぐに結びつくわけではありません。でも，私たちの生活をよりよいものにするための何かヒントが，そこにちりばめられているはずです。

これが，算数を学ぶことの意義と言うことができるでしょう。

7　国語を学ぶということ

何のために国語を学ぶのでしょうか。

国語を何のために学ぶのかというと，一言で伝えるならば，「人との関わりの中で伝え合う力を高める」ということになると思います。

もっと詳しく説明すると「国語とは，相手の言いたいこと，伝えたいことを正確に理解する。そして，自分の伝えたい事を正確に伝えるために勉強する」ということです。

私たちは日常生活の中で言葉を使っています。

だから，そこまで言葉に関して不自由を感じることがありません。

国語を学ばなくても，伝え合うことができているのです。

しかし，本当に精度高く話したり聞いたり書いたり読んだりすることができているかは，怪しいところです。

例えば，書くことについて考えてみましょう。

「校外学習へ行ったことについて，どうだったか」と尋ねられたら，どう考えますか。

「楽しかったです」とか「良い思い出になりました」などと答える人が多いものです。

しかしその言葉が，あなたの感情を正確に表しているのかどうかは微妙なところです。

たとえば，類語を見てみると，「楽しい」という言葉には，このような表現があるのです。

・心に響いた　・琴線に触れた　・感動した　・しみじみと思った
・心地よかった　・感じ入った　・心が動かされた　・印象に残った
・魂が震えた　・興奮した　・ジーンときた　・心に刻まれた

この中には，自分の感覚に合う言葉があるのではないでしょうか。
国語が得意になれば，「楽しい」の一言で済ませていた感情が，より細かに伝えられるのです。
国語の時間では，言葉にこだわりましょう。
言葉の使われている意味を考えましょう。
言葉と言葉の間にある感情を捉えましょう。
自分の考えていることにフィットさせられるよう，より多くの言葉を使いこなせるようになりましょう。
そのような活動が，皆さんの人生をより豊かなものにしてくれるはずです。

8　モーツァルトの学び方

自分流で学ぼうとしている人が，多く見られます。
「自分なりの考えをもとに行動する」のは，いいことです。
ただ，習い始めとか，学んだばかりのことなんかは，まずマネから始めるのが基本です。
みなさんは，「トルコ行進曲」を知っていますか。
有名なこの曲は，モーツァルトという人がつくりました。
モーツァルトは，「作曲の天才」と言われていました。

それと同時に，実は彼は記憶の天才とも呼ばれていました。

モーツァルトは，一度聴いた曲は忘れなかったといいます。

「自分はほとんどどんな曲のスタイルでも作曲できます。他の作曲家のマネをできます」ということを言っていたのです。

モーツァルトは，色々な曲のマネができるからこそ，それらを組み合わせて新しい曲をつくることができたのでしょう。

まずは，元からあるものを覚えること。マネすること。

そのマネに，自分なりのアレンジを加えていくようにする。

このような流れで，自分のやり方が出来上がっていくのです。

だから，上達させたいことがあるならば，いいと思うもののマネから始めることです。

クラスの中には，走るのが得意な人，計算が得意な人，調べるのが得意な人など，様々な人がいます。そういう人をマネすることによって，自分の力は高まっていきます。

まずは，しっかりとマネをしましょう。

自分流にするのは，それからです。

9　歩みおそろし　かたつむり

「たゆまざる歩みおそろし　かたつむり」

これは，長崎の平和祈念像を作成した彫刻家，北村西望さんという方の言葉です。「たゆまざる歩みおそろし」とは，「たえず歩き続けるのがおそろしい」という意味です。

北村西望さんは，平和祈念像をつくっている最中，かたつむりが像の下の方にいるのを見つけました。

翌朝になってみると，なんとそのかたつむりが，像の上の方まで進んでいたのです。

北村さんは，何度も彫刻家をやめようと思ったことがあったのですが，あきらめずにコツコツと進んできました。

そんな自分にかたつむりを重ね合わせたのでしょう。

勉強は，コツコツと積み上げていくものです。

小さな小さな積み重ねが，みなさんの大きな力になります。

かたつむりのように，ゆっくり，じっくり。それでも確実に進んでいきましょう。

10 赤ちゃんを見習おう

明らかに答えが分かっている問題で，手を挙げられない人がいます。

理由を尋ねてみると，「緊張する」「恥ずかしい」という人がほとんどでした。

その気持ちが表れるのは，客観的に自分を見ることができているということなので，ある意味成長しているのです。

でも，失敗をおそれていては，進歩がありません。

赤ちゃんを見習いましょう。

赤ちゃんはすごいのです。失敗をおそれないからです。

たとえば，はじめて立ち上がろうとした時などは，何回も立ち上がろうとします。こけても，すりむいても，泣きわめきながら挑み，そして最後には立てるようになります。

言葉だって，お母さんやお父さんの口の形を一生懸命見ながら覚えます。「ああ」なんて音を出し続けて，最後には「まま」とか「ぱぱ」とか，はっきりした言葉が喋れるようになるのです。

途中であきらめる赤ちゃんというのを，見たことがありますか。

「いやあ，ぼく，立ちあがる才能がないなあ……あきらめよう！」
「喋るのなんて，無理だよ。向いてないんだ！　やめておこう！」
そんな考えをする赤ちゃんは，いませんよね。
赤ちゃんの頃を思い出しましょう。
成長するためには，挑戦が必要です。
挑戦する中では，おそらく失敗もあることでしょう。
でもその失敗も乗り越えて成長するのが，学校という場所なのです。
「緊張する」「失敗が恥ずかしい」という気持ちを克服できるよう，がんばってみましょう。

11　一隅を照らす

「一隅を照らす」
これは，「いちぐうをてらす」と読みます。
私たち１人にできることは限られています。
１人の努力で，社会全てをよくできるわけではありません。
だから，今いる場所をよくしようとする心が大切なのです。
たとえば，この四角が学校全体とします。
このクラスの１人の人が，図書委員として，図書室の貸し借りの仕事を，みんなのために一生懸命やってくれたとしましょう。
ある部分だけが明るくなります。
一隅が照らされるということです。
みんながみんな，同じような気持ちでいるとすれば……
学校は，どうなるでしょうか。
全体が，明るく輝きますよね。
１人１人にできることは限られている。

でも，それぞれの立場でみんながその一隅を照らせば，学校全体が明るくなっていくのです。

係や委員会，当番活動を一生懸命やるというのは，そういうことなのです。自分の立場でできることを，精一杯やりたいですね。

コラム①

学級通信はできるだけ多く書く

学級通信を出すにあたって，重要なのは「頻度」です。

出す回数は，できるだけ多いほうがいい。

頻度が多くなればなるほど，子どもも保護者の方も喜んでくれます。

「サイズ」よりも，「頻度」を重視すべきです。なぜなら，頻度が高いほうが，時事的なことが書けるようになるからです。

たとえば，「２週間前に，Ａくんが発表をがんばっていました」と書かれても，「そんなこと，あったかな？」となってしまいます。

それよりも，「昨日，Ａくんが発表をがんばっていました」と書かれるほうが，タイムリーでうれしいものです。

私は，毎日学級通信を出すようにしています。年間で言うと，200号くらいになります。

もちろん，初任の頃からそうしているわけではありません。月に１回→週に１回，２～３日に１回，毎日……というように，徐々にペースを上げていくようにして辿りつきました。

頻度を高めてきて分かったのは，「毎日になってしまえば負担は小さい」ということです。毎日出すことを前提にして過ごしているので，「明日はコレとコレを書こう」と決めて臨むことができるからです。

ちょっとずつ，無理のない範囲で，できるだけ多く書いてみるようにしましょう。

Ⅱ　授業の小話

学校生活は，授業が中心です。授業に臨む姿勢について考えさせましょう。授業に臨む際に心がけてほしいことを伝える小話を紹介します。

12 暗唱を始めました

学校では，算数でも国語でも社会でも，「覚えなければならないこと」がたくさんあります。

たくさんの事柄について，忘れないようにするには，どうすればよいのでしょうか。

「忘却曲線」と呼ばれる図があります。

物事について，きちんと覚えたとしても，早めに復習をしなければ，その分覚え直すのに時間がかかります。

つまり，あまり時間がたたない内に，学んだことを思い出す必要があるのです。

でも，思い出すことをくり返していれば，覚えたことを忘れなくなるのです。

何度も思い出すようにすると，脳が「これは忘れてはいけない知識なんだな」と判断し，忘れない記憶になります。

つまり，何回も「これって，なんだったかな……」と思い出そうと努力することが，忘れないようにするためのポイントなのです。

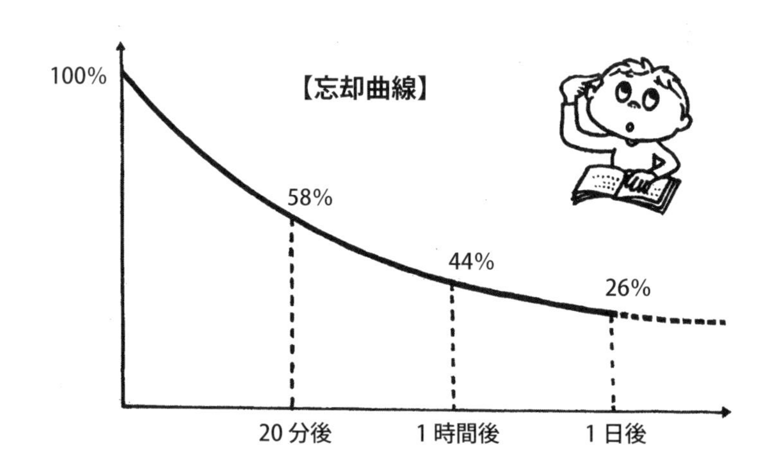

13 「発表する」ということについて

授業の中では,「意見の発表」の時間があります。この,「発表する」ということについて，ためらう姿がたびたび見られます。

皆さんも，なんとなく，昔に比べると,「発表しにくくなってきたなぁ」と感じているかもしれません。

周りの目を考えるようになったからなのです。

これは，ある意味で言えば「成長」とも取れます。

周囲を意識するようになったのです。周りとの関係性を考え，その場の雰囲気に合わせてふるまうことができるようになっているのです。

しかし，それで発表が苦手になってしまうのは考えものです。

学びというのは，他の人と意見を交わし合い，ぶつけ合い，それで高め合っていくものだからです。

皆さんが大人になれば，様々な人と協力しながら仕事を進めることになると思います。もしかすると，他の地域，外国の方と連携しながら活動することもあるかもしれません。

そんな時に,「恥ずかしいから……」と黙っていては,何も進みません。

「自分の考えを伝えられるようになること」

これは，生きていく上で，非常に大切な技術なのです。

意見の発表には，４つの段階があると先生は考えています。

① ほかの人が書いた文章を読むことができる。

② 自分が書いた意見を伝えることができる。

③ 書かなくても意見を伝えることができる。

④ 自由に意見を伝え合える。

意見の発表をおそれてしまう人の多くは，間違えることを恥ずかしく思っているのでしょう。

でも，間違うことは恥ずかしいことではありません。その瞬間は，確かにちょっと恥ずかしいかもしれません。でも，長い目で見れば，失敗することによって，「次は発表の仕方を工夫してみよう」と考えることができるようになれます。失敗は成長のチャンスになるのです。

だから，失敗しても，何も問題ないのです。むしろ，今のうちに，たくさん失敗を重ねましょう。うまくいかないことをくり返して，成長していこうではありませんか。

14 「かもしれない見直し」を

授業の中では，テストをやっています。算数は，すでに４枚のテストをやりました。

採点をしていると，「分かっているはずなのに，もったいないなあ」と感じるような間違い方をしている人が見られます。見直しが足りていないのです。

見直しのやり方には，２通りあります。

「かもしれない見直し」と，「だろう見直し」です。

「だろう見直し」とは，「間違えていないだろう」と考えて見直すことです。小さな間違いや，勘違いを見落としてしまいます。

「かもしれない見直し」だと，「間違えているかもしれない」として見るので，よく気をつけることができます。結果として，「かもしれない見直し」の方が，点数が高くなるのです。

かなり注意を払うことができるようになってきましたが，まだまだです。テストを受ける時には，「かもしれない見直し」で確認しましょう。

15　失敗は，成功の母

今度の国語の授業では，討論の授業をします。

討論の授業では，様々な意見を交わし合います。

自分の意見を言うのに，戸惑ってしまう人もいることでしょう。

「間違えたらどうしよう」

「自分の意見をうまく言えなかったらどうしよう」

「反論されて，返せなかったらどうしよう」

そんな不安が，頭をよぎるかもしれません。

でも，失敗しても全然かまわないのです。

誰だって，失敗をくり返して成長しています。

たとえば，プロ野球選手だって，打つのを失敗することがあります。

一流と言われるイチロー選手だって，打率は「３割」です。

10回のうち，３回しかヒットになっていないということです。

全部の打席でヒットを打つつもりで，バットを振ります。その中で，打てる確率を高くしていくのです。

間違えるのが恥ずかしくて手を挙げない人は，「空振りするのが嫌だからバットを振りたくない」と言っている野球選手と同じです。

間違えてもいい。失敗してもいい。

成功の反対の言葉は，「失敗」ではありません。

「失敗は，成功の母」だからです。

成功の反対は，「何もしないこと」なのです。

挑戦しなくては，何も始まりません。

１回でも発表できるように，頑張ってみましょう。

16　3つの聴く

最近，話のきき方が悪い人が多いです。

友だちが発表しているのに，おしゃべりをしていたり，素知らぬ顔をしていたりする人がいます。

それはよくありませんよ。

みなさんは，「きく」という言葉を漢字で書けますか。

普通は，「聞く」と書きますよね。

でも，実は，さらにレベルの高い「きく」方法があるのです。

その「きく」は，このように書きます。

「聴く」

このきき方は，顔の中の３つのところを使います。

その３つは，字の中にあります。

「耳」と「目」と「心」です。

まずは，耳です。話し手が何を話しているのか，しっかり聞き取るのです。

次に，目です。横向きになっていますけどね。目で，しっかりと話している人を見るのです。「今聞いているよ」ということを，目で伝えるのです。

そして，最後に，心です。ただ聞き，見ているだけではなくて，心から「なるほど」「そうか」など考えながら聞くのです。

目と，耳と，心を使う。

それがレベルの高いきき方なのです。

いい加減なきき方をしていた人は，改めましょうね。

17 スキマ時間を使おう

授業の中では，つねづね「スキマ時間を大切に」という話をしています。

たとえば，1つの授業につき，5分のスキマ時間があるとします。

1年間分を合わせれば，これがどれくらいの時間になるでしょうか。

小学校の授業時間は，1年間で900くらいです。

900×5分＝……いくらでしょう。4500分ですね。

4500分は，時間にかえると，4500÷60＝75。75時間です。

つまり，およそ丸3日ぐらいの時間ができるというわけです。

だから，スキマ時間を大切にしている人と，無駄にしている人とでは，力に大きな差が生まれるのです。

課題が早く終わった時には，「このスキマ時間を，うまく使うことができないかな？」と考えてみましょう。

18 ラーニング・ピラミッド

問題を解いている時，「ここは，こう解いたらいいんやで」と教えてあげている人がいます。素晴らしいことだなあと思います。

「ラーニング・ピラミッド」という図があります。

アメリカの国立研究所が発表したものです。

何をすれば記憶に残りやすいのか，図で表しています。

・聞く……5％

・読む……10％

・見聞きする……20％

・実演する……30％

・議論する……50%

・練習する……75%

・人に教える……90%

実は,「人の話を聞く」というだけでは, 10%しか記憶に残りません。

でも，人に教えた時は，90%も記憶に残ります。

だから，問題の解き方が分からなくて友だちが困っている時は，どんどん教えてあげましょう。

教えることによって，自分自身の考えが整理されるのです。

教えることによって，自分も，友だちにもいいことがあるということです。

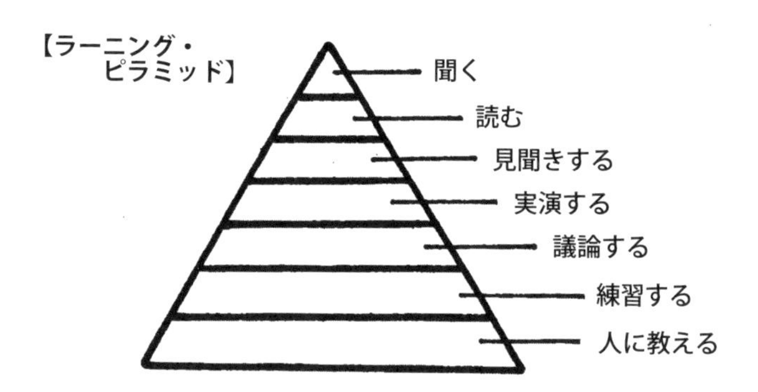

19　頭をよくする方法

「あなたは，頭がいいですか？」 そう聞かれて,「ハイ！」と答えられるでしょうか。

「私は頭がよくない」と悩んでいる人。実は，頭をよくする方法があるのです。

これは，ある大学の先生からお聞きしたことです。

頭の働きというのは，車のエンジンによく似ているそうなのです。

エンジンとは，ガソリンをもとにして車を動かす部分です。

エンジンの力が大きければ大きいほど車は速く走ることができます。

たとえば1000ccと4000ccの車があれば，普通は4000ccの車の方が速く走るものなのです。

ただ，このエンジンというものは，あることをするとよく動くようになります。

それは，「いっぱい使うこと」です。

たとえば，車の力が4000ccあったとしても，まったく使わずにいると，さび付いてうまく走れません。でも，車の力が1000ccしかなかったとしても，いつもエンジンを回しておけば，よく走ることができます。

べつに，車がもともと持っている力が大きくなくても，使いこんでいれば車はよく走るのです。

脳は，この車のエンジンとよく似ているのです。

つまり，「もともとどんな脳を持っているか」というよりも，「どう使っていくかが大事」ということです。

人間の赤ちゃんの脳は大人の脳の25%と言われています。

その後，20歳ごろまで成長し続けます。

脳が大きくなる主な原因は，学習や経験によって神経細胞同士をつなぐ神経線維や樹状突起が増えるためとされています。やはり，頭は使えば使うほど，賢くなるのです。

「頭がよくなる方法」とは，つまり，「頭をいっぱい使う」ということ。

「私は頭がよくないなあ」と悩んでいる人ほど，頭を使った方がいいのです。

簡単な問題であったとしても，「早い時間で解けるようにしてみよう」「より多くの問題が解けるようにしよう」とするなど，頭をより動かせるように取り組んでみましょう。

20 メモをすること

黒板に書かれていることだけを書いているようでは，よいノートを書くことができているとは言えません。

自分の考えを「メモ」できてこそ，よいノートの取り方ができていると言えます。

私たちの生活を明るくしてくれているのは，電灯です。

これを発明した人は，誰なのか分かりますか。

エジソンですね。エジソンは，蓄音機や，映写機など，生きている内でおよそ1300もの発明をし，「発明王」と呼ばれているのです。

そんなエジソンは，このような言葉を残しています。

「メモこそ，命の恩人だ」

エジソンは，13歳の頃，「自分の名前のついた記念館や博物館ができるくらい，社会の役に立つ仕事がしたい」と考えました。

とはいえ，何をすればよいか分からなかったので，不思議だと思ったことや，大人の話などを手当たりしだいメモするようになったそうです。

エジソンは万能の天才レオナルド・ダ・ヴィンチがメモ魔だったことを知り，模倣したと言われています。ダ・ヴィンチは13000ページの手稿を残していたのです。

発明家になってからも，メモを続けました。思いついたことをメモして，そのメモを読み，またメモを書く。そうして書いたノートの数は，3500冊にものぼるそうです。

過去の偉人は，発想やひらめきをノートへ書き残すことで文化を発展させてきたのです。

授業中のノートでも，そうです。

思ったことや考えたことなど，思いついたことはノートに書き残しておきましょう。私たちの脳は，様々なことを考えますが，その全てが記憶の中に残されるのではありません。

しかし，もしメモを取っておけば，考えたことが全て残ります。あとから見直せば，その時考えていたことを思い出すことができます。

それは，生きていく上での大きな財産になることでしょう。

メモを取る習慣を，少しずつ身につけられるといいですね。

21　何のために勉強するの？

「僕は，将来サッカー選手になりたい。だから，勉強なんてしなくていい」

時々，そういう考え方をしている人がいます。

確かにサッカー選手になるのであれば，勉強なんてできなくてよさそうな気もします。

どうして勉強をするのでしょうか。

同じような悩みを持つことは，ありませんか。

勉強がどのように役に立つのかを考えてみたいと思います。

みなさんの中には，リフティングができる人がいますか。

リフティングを，片足でやるのと，両足でやるのとでは，どっちがやりやすいでしょうか。

当然，両足の方がやりやすいですよね。

勉強をするということは，サッカーで言うと，両足を使うことができるようなものなのです。

「サッカーだけできる」というのは，片足しか使えないのと同じ。

でも，勉強ができるようになれば，もっと多くの自由が得られるのです。

たとえば，国語ができるようになれば，的確な言葉で指示することができるようになります。

算数ができるようになれば，論理的に攻め方を考えることができるようになります。

理科ができるようになれば，ボールの回転や落下について理解することができます。

社会ができるようになれば，試合場所の天気や地形のコンディションに詳しくなれます。

外国語ができるようになれば，海外の人とも会話し，意思疎通してプレーすることができるようになります。

つまり，勉強ができればできるほど，より多くの自由が得られるようになるのです。

だから，「サッカー選手になりたい」と考えている人こそ，勉強をがんばった方がいいと言えるのです。

ほかの仕事だって，同じこと。

今やっていることは，きっと将来のどこかで活きてくるものです。

勉強をがんばって，より多くの自由を手に入れましょう。

22 一流の人は，努力の量がすごい

みなさんは，ピカソを知っていますか？

ピカソは，スペイン生まれの世界的な画家です。

キュビズムという絵の描き方を始めた人としても知られています。

ある奥さんが，カフェでスケッチしているピカソを見つけました。

これはラッキーと思った奥さんは，ピカソにお願いをします。「私を描いてください。お値段は，言ってもらった分だけ払いますから」

ピカソは，奥さんを見て３分でスケッチをします。

「できましたよ」

「ありがとう。で，お値段は……？」

なんと，その値段は 40 万円でした。

「40 万円!?　高すぎる！」

奥さんは驚きました。奥さんに言われたピカソは，こう返しました。

「私はここまで来るのに，生涯を費やしているのです」と。

ピカソは，生きている内に約 15 万点の作品を作りました。それだけ積み上げてきたものがあるから，さらさらと描いた絵にも価値があると言い切れるのでしょう。

ドイツのラルフ・クランプ博士が，アマチュアのピアニストと，一流のピアニストが，どのような生活を送っているのか比べる実験をしました。一流のピアニストは１週間に 33 時間練習していたのに対して，アマチュアはせいぜい３，４時間。一流のピアニストは，10 倍も多く練習していることが分かったのです。

俳人の正岡子規が死ぬまでに 16 年間で詠んだ俳句の数は，約 24000 句。

マンガの神様と言われる手塚治虫さんは，約 700 の作品を描いたそうです。

スポーツでも，勉強でも，仕事でも，一流の人は，すごい量の練習をしているそうです。

何かの一流になろうと思う時には，まずは量をこなしてみるといいですね。

今日は作文を書きます。感想文を，原稿用紙に書きます。

これも，どれくらいの量が書けるかが大切です。

できるだけ詳しく，たっぷりと自分の考えを書けるようにしてみましょう。

Ⅲ　生活の小話

生活を送る上で，困った行動を起こす子どもがいます。「集団生活をよりよくするためには，どのように行動すればいいのか」。そんなことを考えさせる小話を紹介します。

23 たのまれごとは ためされごと

「たのまれごとはためされごと」という言葉があります。

人は，あなたにできないことはたのみません。

あなたならできるだろうと思うから，それをたのむのです。

言ってみれば，たのまれたことに対してどれだけ心を込めてできるかということがためされているようなものなのです。

人と人は，点と点のようなものです。

「これは，ためされごとだぞ。よーし，やろう！」と思って行動すれば，人はあなたのことを信頼してくれます。

点と点が，線で結ばれるのです。

そして，「こんな素敵な人がいるんだよ」と，ほかの人を紹介してくれるかもしれません。

そうなると，線がたくさん増えていきます。

その１人１人を大切にすることで，線は増え，やがて１つの面になるのです。

点と点を面にまで変えていくのは，「たのまれごとはためされごと」という考え方です。

人にものをたのまれたら，ためされているということを考えてみましょう。どうすれば相手のためになるのか，頭を働かせて動いてみましょう。

24 ハインリッヒの法則

昨日は雨が降ったため，体育の授業の代わりに保健の授業をしました。

ケガや危険を防ぐためにできることを考えました。

教科書では，「ハインリッヒの法則」が紹介されていました。

アメリカの保険会社に勤めていたハインリッヒさんが，工事の事故を統計学的に調べて計算し，導き出した法則です。

なんと，5000 件もの事故を調べて見つけ出したのだそうです。

たとえば，１件の鉄道事故が起こったとします。そんな時は，29 件もの事故寸前の出来事が起こっています。さらに，300 件近くの，スピードの出しすぎや，信号の見落としなど，小さなトラブルが起こっているのです。逆に言えば，小さな「ヒヤリ」や中くらいの「ハッと」をなくしていけば，危険を未然に防ぐことができるということです。

自分の生活の中で，「ヒヤリ」「ハッと」はありませんか？

今一度，自分の生活を見直してみましょう。

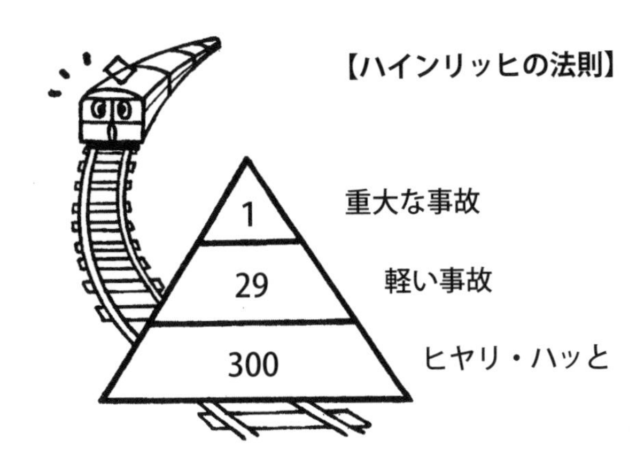

25 「小さなチーム」と「役割」

自分たちで，自分たちのことを考えて，よりよく向上していってほしいと思います。

大切なのは，「小さなチーム」と「役割」を考えることです。

○年○組は，学級です。学級というのは，１つの組織です。

組織というのは，会社でも，学校でもそうですが，様々な「小さなチーム」で成り立っています。会社では，これを「部署」という呼び方をします。学校では，「分掌」と呼ぶチームがあります。

学級の中では，どんなチームがあるでしょうか。

「係活動」「班活動」があります。

「委員会」も，少ない人数ではありますが，ある意味チームです。

「係活動」や「委員会」のメンバーで，自分たちの担当の分野に関して，学級全体ができているかどうかを，よく見てほしいのです。

たとえば，音楽係であれば，音楽に関することを。

掲示係であれば，掲示物に関することを。

給食委員会であれば，給食に関係することを見るのです。

さらに，「役割」というのもあります。

「係活動」や「班活動」のチームの中には，リーダーがいるはずです。

リーダーとして，そのチームを率いてください。

そして，気づいたことがあれば，帰りの会で伝えましょう。課題を共有し，解決策を出し合い，みんなで行動を変えていくことができれば素晴らしいですね。このようにして，みんなが自分の「チーム」と「役割」からできることをやっていけば，○年○組の力は，さらに伸びていくはずです。１つの組織として，向上していくことができると思います。

自分に何ができそうなのかを，考えて行動してみてください。

26　忘れ物を防ぐ４つの方法

授業をする中で，忘れ物をする人が時々見られます。

持って来なければならない物を忘れたり，宿題を机の上に置いてきてしまったり……そういったミスがよくあります。

このような失敗を防ぐには，どうすればいいのでしょうか。

失敗というのは，大人になってもあるものです。（先生もよくやってしまいます。）

どのようにすれば防ぐことができるのか，今のうちに知っておきたいところです。オススメの方法を紹介します。

① 指差し確認をする

鉄道運転士が信号を指差ししているのを見たことがある人がいると思います。人のはっきりとした視野の角度は，わずか２度であると言われています。指を差すことによって，視野を２度に限定させることができ，しっかりと物を見ることができるのです。これを真似して，ランドセルの中を指差しながら「プリントよし」などと言うように確認してみるとよいでしょう。

② 確認会話をする

「明日の持ち物って〇〇だよね」と確認し合う。これが確認会話です。友だちと，細かなことについて確認する会話をします。こうすることにより，ミスが少なくなるのです。たとえば，勘違いして覚えてしまっていたら「それは違うよ」と指摘してもらうことができるからです。

③ すぐにやる

忘れっぽい人ほど，共通して「あとでやります」「帰ってからやります」という言葉を使いがちです。授業の中で「ノートは今日中に持ってきましょうね」と言われたとしても，「あとでやろう」と考えてしまう。でも，大体時間がたってしまうと，やることを忘れたり，やることが億劫になってしまうものです。それで，結局出し忘れてしまうのです。

大事なことは，「すぐにやること」です。

すぐにやってしまえば，覚えておく必要もないのです。

「提出しなさい」と言われたら，すぐにやりましょう。できる限り早く！

④　色分けする

失敗を防ぐ方法の中で，私たちに馴染みがあるのが，「色分け」です。

色分けすることにより，間違いにくくするのです。

たとえば，水道の蛇口も赤は熱湯，水色は冷水になっています。

一目で見て，危険なゾーンが分かるようになっているのです。色分けは，簡単に出来て，効果は大きいものです。

たとえば，忘れ物をした時は，赤鉛筆で忘れた物の名前を書いておくとよく見えます。色を目立たせることにより，自分で気づきやすくしておくのです。

「人はやることを忘れる」という前提に立ち，思い出すための仕組みをつくっていくことが重要なのです。「どうやったら忘れないようになるのか」ではなくて「忘れっぽい自分をどうやったらカバーできるのか」。発想の転換ができるようになることが，第一歩です。気をつけましょう。

27 時は命なり

掃除時間に自分の仕事が終わったあと，ダラダラと時間を過ごしてしまう人がいます。活動が終わったあと，ボーッとしている人もいます。

そのせいで，時間が無駄になってしまっています。

時間を大切にする心を持ってほしいなあと思います。

「時は金なり」

これは，アメリカの政治家ベンジャミン・フランクリンという人の言葉です。時間は，お金と同じくらい大事なものだから，無駄にしてはいけないという意味です。

……でも，考えてみてください。時間は，お金程度のものなのでしょうか。

カップラーメンを発明した安藤百福(ももふく)さんは，このような言葉を残しています。

「時は命なり」

たとえば，ノートが破れてしまったのであれば，200 円も出せば買うことができます。

鉛筆削りが壊れたのであれば，1000 円で買うことができます。

では，失われてしまった時間は，いくらで買うことができるでしょうか。

買えませんよね。全ての人は 1 日 24 時間を持っています。

しかし，それは一度失うと取り返しがつきません。

時間とは，命そのものと言うことができます。

時間は，お金でも買えないとても大切なものなのです。

自分の時間を失うことは，自分の命を粗末にしているのと同じです。

少しでも時間が余るようであれば，その時間で何ができるかをよく考えてみましょう。

28 ディズニーランドの掃除

ディズニーランドは，開園当初はゴミがたくさん落ちていたそうです。

でも，ゴミばっかりでは夢の国になんてなれない。だから「赤ちゃんがハイハイできるくらいきれいにしよう」と基準を決めて，掃除の取り組みを徹底しはじめたそうです。

昼の間に園内を掃除するデイカストーディアル。夜，お客さんがいなくなってから掃除するナイトカストーディアル。この２種類の掃除の人が，ディズニーランドを掃除するようになりました。こうして今や年間3000万人近くが訪れる夢のテーマパークとなっているのです。

〇年〇組の教室も，赤ちゃんがハイハイできるくらいに……とは言いませんが，いつでもきれいに保てるようにしたいものですね。

29 おしゃべりしていると……

最近，授業中のおしゃべりが目立ちます。関係のあることを話すのはいいのですが，授業と無関係の話をすると，自分にもほかの人にとってもよくありません。

「閉じた口にコオロギは入らない」

これは，フィリピンのことわざです。

「黙っていれば禍(わざわい)はやって来ない」という意味です。

要らないおしゃべりはよくありません。集中しないといけない時に口を開いていると，禍が飛び込んできますよ。

口は閉じて，授業に集中しましょう。

30　大きな石と小さな石

このごろ，お昼の掃除が時間内に終わらないことがあります。

みんな頑張ってやっているのですが，机を運ぶ時に細かなゴミをつついていたりしていて，どうもうまく進まないのです。午後の授業に食い込んでしまうこともあります。

「石の入れ方」についてのお話を紹介します。大きな石と，中くらいの石と，小さな石があります。これらをバケツの中にうまく収めようとするならば，どの石から入れるべきなのでしょう。

「小さな石から入れると良いんじゃないのかな？」という意見もありそうですね。

正解は，大きな石から入れるようにするのです。

まずは，大きな石を入れます。それから中くらいの石や小さい石を入れると，スキマに入っていくので，丁度よく収まるのです。

掃除もこれと同じこと。まずは，大きな石のように，大事な掃除から取り組みましょう。それから，小さな石のように，細かな掃除をするとよいのです。掃除をする時には，優先順位を考えて取り組むようにしましょうね。

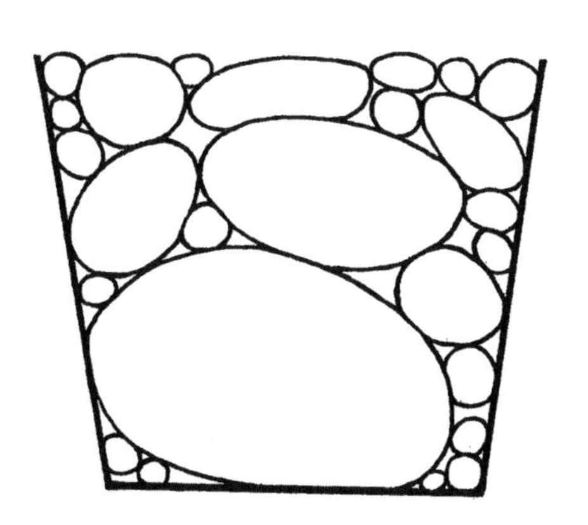

31　防災の３原則

地震や津波などの自然災害は，いつ起こるか分かりません。いつでも対応できるように備えておかなくてはなりません。

2011年３月11日の東日本大震災では，岩手県釜石市の3000人近い小中学生のほぼ全員が避難し奇跡的に無事でした。このことから，「釜石市の奇跡」と呼ばれています。

生徒達が迅速な対応をすることができたのは，釜石市内の学校が群馬大学の社会環境デザイン工学専攻の片田敏孝教授の指導のもとで数年間取り組んできた防災教育プログラムの成果だそうです。片田教授は，次の３原則を挙げています。

第１は，想定にとらわれないこと。

ハザードマップを見ると，大抵の人は自分の家が被災ゾーンの外にあると安心します。でもそれは過去の津波に基づいて作られただけで次がそうだとは限りません。想定にとらわれないことが大切なのだそうです。

第２は，最善を尽くすこと。

「あの日，生徒達は最善を尽くしたと思います。彼らはより高台へ逃げるよう先生達をせき立てました」と片田教授。そして年長の生徒は小さい子を助けることも忘れなかった，とも。

第３は，率先避難者となること。

片田教授は次のように述べています。「人は避難すべきだとわかっている時でさえ避難しないものです。ほかに誰も避難しない中で，自分だけ避難する気にならないのは自然なことです。だから生徒達には，勇気を出して最初に避難する人間になれと言いました。もし君が避難すれば，ほかの人もついていくだろう。そうすれば，君はその人達の命を救うことができるんだよと伝えました」

いざという時に向けて，私たちも備えておきましょう。

普段の生活から３原則を頭に入れておきましょう。想定にとらわれず，最善を尽くし，率先して動くようにすることです。普段から，周りの雰囲気に流されず，「率先」する態度を身につけてほしいと考えています。

32 漢字を覚えるには

学校では，時々漢字テストを行っています。

宿題でやり，練習テストもやって，その上でテストをやっています。

それなのに，まだ間違えてしまう人がいます。なかなか覚えられない人や，何度も間違ってしまう人は，勉強の仕方を見直す必要がありますね。

脳科学では効率のよい勉強の仕方が明らかになっています。

ここで紹介したいと思います。

① 交互に練習する

同じ字を練習し続けることは，あまり効率よくありません。

たとえば，「留留留留留……」と書き続けても，「簡単な作業」なので，覚えられないのです。

覚えるためには，脳にある程度の負荷をかけることが必要です。

たとえば，「留める」「適当」「構える」「面接」「通過」というように，様々な単語を書きます。その上で,「留める」を書こうとしてみます。正しく覚えられていない場合は「あれ,どうやって書くんだっけ……?」と困ってしまうはずです。そこで,もう一度字を見直すことによって,覚えることができるようになるのです。

② 関連付ける

大切なのは,1つの字を習ったら,関連付けて覚えることです。

たとえば,「複」と「復」の字を間違えてしまう人がいます。

「復」といえば,「反復横跳び」という言葉があります。

「復」という字は,「もとの位置・状態にもどる。かえる」という意味があります。そこで,「往復」や「回復」,「復興」などの言葉が,よく似ているとわかります。

一方で,「複」はどうでしょうか。これは,「二重になっている。二つ以上からなる」という意味があります。ここから,「複数」「重複」「複雑」の言葉が近いと考えることができます。このように,1つの漢字を習ったら,その漢字の意味をとらえ,ほかの熟語へと広げていくようにするのです。関連付けて,まとまりで覚えるようにしましょう。

③ 思い出す

ものを覚えるには,「想起する」のがよいとされています。つまり,「えーと,なんだったかな?」と思い出す時間を作るのです。たとえば,漢字プリントの宿題では,「なんだったかな,この漢字は……」と思い出そうとする時間が必要です。はじめから答えを見て,丸写ししているようでは,「思い出す」という苦労がないので,覚えられないのです。思い出そうとする苦労の時間があって,覚えることができるのです。

33 どうして音読するの？

宿題では，音読を出しています。

「どうして読める言葉を音読するの？」「声に出さなくても，いいのに……」などと不思議に思っている人もいるかもしれません。

日本では，長い間音読が行われてきました。「論語」などを大きな声を出して読んでいたのです。日本で黙読が流行り出したのは，明治時代からだそうです。

ではなぜ，音読が主流だったのでしょうか。

それは，声に出して読むと，覚えやすくなるからなのです。

音読では，目で字を見て，声を出し，出した自分の声を耳で聞くことができます。たくさんの感覚を使うことになります。だから頭に入れたいのであれば，音読をした方がいいのです。

東北大学の川島隆太先生は，「音読をすると，脳の前頭葉が活性化する」としています。

音読をすると，脳の血流が良くなります。文字を黙読するだけなのと，音読するのとでは，脳の中の血流の状態がまるで違います。黙読するだけの場合は，血流は，文字を読む領域だけで上昇しますが，音読の場合，脳の全域の血流が増えることが分かっています。

音読は五感の多くを使用することになるからだと考えられています。

学習においても，黙読だけで学習するよりも，音読をして学習する方が記憶の定着がよりいいことも判明しています。

心理学者のゲイツという人は，「黙読１:音読４」がベストだとしています。

宿題で音読を出しているのは，このような理由があるのです。

しっかりと声に出して読むようにしましょう。

制作時間は15分

学級通信を仕上げる時間には，制限を設けるべきです。時間は有限だからです。放課後の時間が1時間あるとしましょう。そのうちの30分も学級通信にかけているようであれば,「時間のかけすぎ」です。

ズバリ，学級通信の制作時間は15分まで。

「そんなこと言っても，文章を書くのが苦手で……」という人もいることでしょう。

分かります。恥ずかしながら，私も，はじめのうちは1つの通信を書くのに，2時間とか3時間くらいかけていましたので……

速く書けるようになるには，コツがあります。

まずは，ブラインドタッチを覚えること。ゆっくり話すくらいのスピードで文章が打てるようにしましょう。そうすると，子どもに語りかけるような感じで文章を書き記すことができるようになります。

また，日ごろから掲載するネタを収集しておくことも大切です。次のようなネタを，意識して集めておきましょう。

・いいところ見つけ　・先生からのメッセージ　・感想文　・絵
・作品　・詩　・俳句　・短歌　・作文　・体験記　・インタビュー
・授業記録　・アンケート結果発表　・間違えやすい問題の紹介

子どもと過ごしている中で使えそうなものを見つけたら，コピーしたり，PCに打ち込んだりして，回収していきます。

もしも，載せるようなネタが無い時……そこが，本書の役立つ時です。本書の「ちょっとイイ話」を載せるのです。

ちょうどよい小話を，空きスペースに挿入しましょう。このようにして，できるだけ早く仕上げられるようにしましょう。

教師の仕事の本分は,なんといっても授業です。学級通信は,「サブ」的な役割です。

そこにかける時間は，できるだけ短くするのがよいのです。

Ⅳ 態度の小話

学校生活における態度が悪い時があります。そんな時は，自らの態度を考え直すきっかけになる小話を学級通信に掲載しましょう。態度に関する小話を紹介します。

34　出る杭は打たれる

みなさんは「出る杭は打たれる」ということわざを知っていますか。

目立っている人は，周りからねたまれたり憎まれたりすることをたとえることわざです。

みなさんの中には，力を出すのをためらっている人が見られます。

要するに，出る杭になって，打たれることをおそれているのです。

頑張ることで，浮いてしまうのがこわいのです。

これはある意味，人として成長してきている証拠でもあります。

たとえば幼稚園や保育園の頃であれば，周りからどう見られているかとか，ほとんど気にしていない。今みなさんが周りを気にして力が出せなくなっているのは，周りがよく見えるようになったからです。

しかし，その上を行けるとすばらしい。

実は，杭が出ても，目立たない方法があるのです。

それは，「全部の杭が出る」ということです。

ほかの杭も，全部出てしまえばいい。

そうすれば，どの杭も目立ちません。

安心して出ることができるわけです。

１人だけ全力を出そうとするから，恥ずかしいのです。

しかし，みんなで全力を出すことができれば，恥ずかしくも何ともないのです。

みんなで一緒に，出る杭になりましょう。

35 気持ちを言葉にすること

先生にプリントを突き出して，じっと黙っている。

友だちに順番を譲ってもらっているのに，知らん顔。

心の中だけで何かを思っていたとしても，相手には伝わらないものです。

きちんと言葉にしなくては，それは無いものと同じなのです。

例えば喫茶店で「コーヒーが飲みたい」と思いながら，ジッとしていると，何が出てきますか。

何も出てきません。

当たり前のことですね。

「あなたはコーヒーを飲みたいと思っているのでしょう？　私には，分かっているんですよ」なんて，感じ取れる店員さんはいないわけです。

人に気持ちを伝える時もこれと同じこと。

思っていることがあるならば，言葉にすることです。黙ったままでは，何も伝わらないのです。

思っていることは，口で伝えるようにしましょう。

36　夢のレンガ

体育では，新しい技に挑戦しています。とても難しい技です。

でも，まだできないからといって，あきらめることはありません。

みなさんは，なでしこジャパンを知っていますか。

日本代表女子サッカーチームの名前です。2011年ワールドカップではアメリカを打ち破り，ワールドカップ優勝を果たしました。

これは，なでしこジャパンのキャプテン澤（さわ）選手の言葉です。

「もし体調が悪くても，私はあることだけは必ずこころがけています。グラウンドに立つ１～２時間だけは，絶対に手を抜かないということです。その日の自分の100%を出し切ることを考えています」

そのことを，澤選手は「夢のレンガを積む」と表現していました。

澤選手はこう言いました。

「高いと思える壁があると思っても，目の前に，毎日１段ずつレンガを積んでいけばいいんです。１段ずつ積み上げていけば，ずっと先にある夢は高い壁ではなく，階段になっているはずです」

澤選手は，そうして，中学生の頃からの夢「ワールドカップで優勝」を果たしたのです。

たとえば「かかえこみとびを跳べるようになる」という目標を持つとすれば，一生懸命努力すれば，レンガが１つずつ積み上がっていくのです。

目には見えないけれど，そこには１段が積み重ねられているのです。

そして，いつの日にか，跳び箱がとべるようになり，目標が達成できるのです。大事なのは，あきらめずに，一生懸命やることです。

今日の授業も，１つでもスモールステップを進められるように，自分なりに一生懸命頑張ってみましょう。

37 昨日の自分に勝つ

「この文章を読める人？」と問いかけられた時，手を挙げられる人は６～７割程度です。目の前に文章があり，読み方まで分かっているのに挑戦しないのは，よくありませんね。

宮本武蔵という人を紹介します。

日本で最も有名な剣の達人の１人です。

宮本武蔵は 30 歳になるまで 60 試合をして，１度も負けたことがありませんでした。

ふつう武士は１本の刀で戦うものです。しかし，宮本武蔵は違いました。２本の刀で戦ったのです。これを二刀流といいます。

そればかりではなく，数々の書や絵も残していて，それらは国の重要文化財にもなりました。

そんな宮本武蔵が残した言葉があります。

「今日は昨日の自分に勝ち，明日は今日の自分に勝とうと努力し，千里の道を一歩ずつ歩むのである」

今日は昨日の自分よりも成長しよう。明日は今日よりもまた１つ成長しよう。そういう思いでいるから，宮本武蔵は剣の達人になり，優れた芸術作品を残すことができたのですね。

発表が苦手な人は，発表できない自分を超えられるようにしましょう。ライバルは，昨日の自分自身です。

小さな発表など，どんな小さなことでもいいのです。

昨日の自分に１つでも勝つことができるように，挑戦を始めてみましょう。

38 自分たちで自分たちのことをやる

「先生がいないところでも，やるべきことをやれているか」

先週は，このことを厳しく話しました。

このごろ，先生がいないところで，騒がしくしてしまうことがあります。

いつまでも，先生の前だけでイイ顔をしているようではいけません。

学校というのは，「先生がいなくても生活できるようになるところ」だと思うからです。

物事を習うためには，はじめは先生が必要です。

車の運転だってそうです。車というのは，買ったらすぐに「よし，乗ろう！」といって乗れるものではありません。まずは，教習所という所へ通い，先生に運転を習うのです。

はじめは，先生が横に乗って教えてくれます。「アクセルをふみますよ」「信号があります，止まりましょう」などと教えてもらい，段々運転がうまくなっていくのです。

でも，考えてみてください。道路で大人の人が車を運転している時，隣に教習所の先生は座っていますか？

もちろん，座っていませんよね。

運転が上手になると，最後には１人で運転をするようになるのです。

これは，学校も同じことです。

はじめは先生が教えます。先生と共に活動し，できるようになります。

いつまでたっても先生に言われてやっているようでは，本当に力がついたとは言えないのです。

だんだん自分たちでできるようになって，最後には自分たちだけで生活できるようになってこそ，本当に力がついたと言えるのです。

自分たちのことは自分たちで何とかする。いけない時は注意をし合う。

できている時は褒め合う。あきらめそうな時は励まし合う。

そういう風に，自分たちで力を高め合えるような行動ができるようになってほしいと思います。

先生のいないところでも，自分たちで自分たちのことをきちんとできるようになった時，本当の意味で成長したと言えるのでしょう。

残りの時間はわずかですが，〇年〇組のみんななら，まだ成長できると信じています。

39 今年もよろしくお願いします

新しい１年がはじまりました。

みなさん，お正月はゆっくり過ごすことができたでしょうか。

さて，今日からまた３学期が始まりますね。新しい１年をはじめるにあたり，考えてもらいたいことがあります。

それは，「竹」のことです。

日本人は，昔から竹をよく使ってきました。

『かぐや姫』でも，おじいさんが色々なことに使うために竹を取りにきて，お話が始まっています。

竹は，とても強いもの。

雪の重さにも耐えられるし，強い風が吹いてもなかなか折れることはありません。

なぜそんなに強いのかというと，竹の中のある部分が関係しているのです。

それは，「節」です。節というのは，竹の間の線の部分です。

節は，１本の竹の中にいくつかあります。この固い節がところどころにあることによって，竹は強さを保っていられるのです。

さて，今日から新しい１年が始まります。

今は私たちにとって，「節」の時期です。

１年と１年の間に節があります。

この時期に,「どんな学期にしようかな」「どんな目標にしようかな」とじっくり考えましょう。

そうすることで，１年間がガッチリとゆるぎないものになります。

計画をしっかりと立てて，充実した時間を過ごせるようにしましょう。

みなさんの,今年１年の目標は何ですか？　ズバリ,書いてみましょう。

40　ウサギとカメ

まとめの時期になり，テストをたくさん行っています。

テストの結果を見て，人と比べて喜んだり悔しがったりしている人がいます。でも，テストというのは，自分の力の具合を見るものであり，人と比べて一喜一憂するものではありません。

イソップ物語の『ウサギとカメ』という話を紹介します。

ある時ウサギは，のろまのカメに向かって言うのです。「あの山の頂上まで競争しよう」と。

スタートした瞬間，ウサギは走り出します。すごいスピードです。

でも，だいぶ進んだところで，カメが来ないことを確認して，寝ころび，眠ってしまいます。

その間もカメはこつこつと進んでいきました。

ウサギがふと目が覚ますと，カメはすでにゴールへたどり着いていました。
このお話の中で，カメとウサギには，違うところがあります。
それは，見ているところです。ウサギは，カメを見ていました。
カメが遅いのを見て安心して，油断してしまったのです。
一方で，カメが見ていたのは何でしょうか。
それは，「ゴール」なのです。
カメにとって大切なのは「他人と比べてどうか」ということではなかったのです。
大事なのは，「自分自身の目標に近づいているのかどうか」ということだったのです。
だから，ウサギと比べることなく進み続けて，ゴールへとたどり着くことが出来たのです。

これは，テストなどでも同じことです。
人と比べて「やった！　あいつよりいい点だ」と喜んだり「あの子より点数が低い……」と悔しがったりしている人は，ウサギと同じです。人と比べて自分の位置を確認しているのです。
でも，人と比べなくていいのです。
たとえ点数が低かったとしても，自分の課題がクリアできているのであれば，それでいいのです。
自分のゴールを見ましょう。
ゆっくりでも,大丈夫です。自分のペースで進むカメのようになり，目標に向かって歩み続けましょう。

41　ちりも積もれば山となる

生活にも慣れ，勉強のことも分かってきたところで，つい手を抜いてしまうような場面をしばしば見かけます。

そういうちょっとしたゆるみが，力を大きく低下させてしまうので，気になるところです。

「ちりも積もれば山となる」ということわざがあります。

「小さな努力もたくさん積み重ねていけば，大きな力になる」ということわざです。

では，ほんの少しずつ努力することによって，どのくらい力がつくのでしょうか。

それを，算数の計算で考えてみましょう。

昨日のあなたの力を 100 だとします。

今日は，それよりも「１％」だけ力を高めようと努力したとします。

すると，いくらの力になるでしょうか。

100 × 1.01 ＝ 101 ですね。

そういう風に，毎日１％の努力を重ねたとします。

１年後には，いくらになっているでしょうか。

100 × 1.01 × 1.01 ×……

計算としては，これを，365 回くり返すわけです。

なんと，もとは 100 だった力が，約 3780 にまで大きくなるのです。

逆を考えてみると，どうでしょう。

100 あるうちの力の，１％下がるように怠けながら過ごしていたとすると…

１日たてば，100 × 0.99 で 99 になりますね。

くり返していくと，１年後にはいくらになるのでしょう。

なんと，約３なのです。

100 ある力が，1日1％怠けると3。

1％がんばれば 3780。

昨日よりも1％成長しようという人と，昨日よりも1％怠けようとする人では，1年たてば 1260 倍もの差ができているわけです。

もちろん，人の成長は，計算通りにはいかないでしょう。

でも，油断すると大変なことになるのは変わりありません。

たった1％でいいのです。

漢字を少しでもきれいに書こうとか，計算を1問でも多く解いてみようとか，そういう小さな努力でいいのです。

まだ，○年生の日はあります。

ほんの少しずつ，昨日の自分を超えていけるといいですね。

42 九十九をもって道半ばとせよ

いよいよ学年末になりました。昨日は，漢字の大テストもやりました。

ほとんどの単元が終わり，しめくくりの時期になってきました。

「もうほとんど完璧だ」と思って，勉強に手を抜いてしまっている人が見られます。「もう○年生の勉強は大丈夫♪」なんて思っている人は，注意が必要です。

なぜかというと，ここからが1番大事だからです。

「九十九をもって道半ばとせよ」という言葉があります。お坊さんが 100 日の修行に出た時，あきらめてしまうのは 99 日目だそうです。

「あと1日だ」「もう，終わりだ」

そう考えてホッとしてしまうのです。そうして気を抜くと，体や心に異常が起こり，あきらめてしまうことにつながってしまうのだそうです。

山登りなんかもそうです。「もう少しで頂上だ」と思った時に気が抜けて，事故が起こりやすくなると言われています。

「〇年生も，もう少しだ！　もうバッチリ！」などと気を抜いてしまうと，これまで頑張ってきたことが無駄になってしまいかねません。

あと残りの時間は１月ほどです。でも，気持ちとしては，今ようやく半分まで来たと思った方がいいでしょう。

最後の最後まで力を抜かず，気を引きしめましょう。

43　リンゲルマン効果

音読をする時，はっきりとした声で読むことができていました。みんなでやっている中で，自分本来の力が出せるというのは，すばらしいことだと思いました。

「リンゲルマン効果」というものがあります。

これは，フランスの心理学者リンゲルマンさんが見つけたものです。

綱引きで説明してみましょう。

１人で綱を引っ張る時と，８人で綱を引っ張る時。

１人あたりが綱を引く力について調べます。

力が強いのは，どちらだと思いますか。

答えは，１人で引く方なのです。

８人で引いている方が，１人あたりの力が弱くなるのです。力が約半分になってしまうことが分かりました。

どうして，多くの人で引くと，力が弱まるのでしょうか。たくさんの人でやっていると，「ほかの人もやってくれてるから，自分は頑張らなくていいや」と無意識に考えてしまうのでしょう。これをリンゲルマン効果と呼ぶのです。

その点，みんなの中にいながら，全力を出し切っている人は，すごい。

リンゲルマン効果に逆らう態度，これからも続けてくださいね。

44 守(しゅ)・破(は)・離(り)

武道や茶道の世界には，「守」「破」「離」という言葉があります。

「守」は，師や流派の教え，型，技を忠実に守り，確実に身につける段階。「破」は，他の師や流派の教えについても考え，よいものを取り入れ，心技を発展させる段階。

「離」は，１つの流派から離れ，独自の新しいものを生み出し確立させる段階です。

３学期は，「破」や「離」の段階だと思います。

つまり，これまでに学んできた範囲を超えて，自分たちで，自分なりによいと思うことをやってみることが大切です。

昨日は，席替えや給食，掃除当番などを，自分たちで決めることができていました。自分たちで自分の生活を，よりよく改善できるように行動しましょう。

学級通信のチェック

学級通信を書き終えたからといって，そのまま印刷してはいけません。
「できあがったんだから，すぐにでも印刷したい！」
そんな気持ちは分かりますが，誤字脱字は必ずと言っていいほどあるものです。推敲の時間を取りましょう。推敲の目的は，４つあります。

① 誤字・脱字をなくす。
② 文字を付け加えたり，削ったりして読みやすくする。
③ 情報に間違いがないか確認する。
④ より分かりやすい表現にさしかえる。

PC の画面上で誤りを見つけだすのは難しいことです。ひとまず，プリントアウトしてみましょう。そして，ザーッと文章を音読していきます。
文章を読み上げていくと，「あれ？」と詰まる部分が出てきます。
主語と述語がねじれていたり，大事な言葉が抜けていたりします。また，不必要に言葉を繰り返してしまっていることもあります。そこが修正ポイントです。紙を見ながら打ち直します。
修正ポイントを仕上げたら，管理職に提出してチェックしてもらいましょう。管理職からチェックを受けることは，誤りを見つけてもらうというのもありますが，「その文章が学校として保護者へ届けてもよいものかどうか」を確認してもらう意味もあります。もしも学級通信に不備があってクレームを受けた時には，学校として対応してもらえることになる。責任を分散させることができるわけです。
「管理職に見られるなんて，イヤだなあ……」などと億劫に感じずに，自分自信の身を守るためにも，管理職にチェックをしてもらいましょう。
私は前日のうちに仕上げて管理職に提出し，当日の朝に受けとり，修正個所を手直しして印刷しています。
学級通信のチェックは迅速に，そして丁寧にやり遂げましょう。

V マナーの小話

社会生活を送る上で，マナーを守ることは欠かせません。学校生活において，マナーを守って行動する習慣を身に付けさせたいものです。マナーの大切さについて説明する小話を紹介します。

45 挨拶を大切に

朝一番に，いつも少し気になることがあります。

それは，「挨拶が少ない」ということです。

朝は，誰だってテンションが低いもの。

「挨拶するなんて，ちょっと面倒くさい」

そんな気持ちも，分からないでもないです。

でも挨拶は，これから社会で生きていく上で，とても大切なものです。

どうしてそこまで挨拶が大切なのでしょうか。

ここで，挨拶の成り立ちについて考えてみましょう。

大昔，人間がほかの動物と同じような生活をしていたころ，「食べ物を手に入れる」というのは，大変なことでした。

見知らぬ人とすれ違った時に，せっかく手に入れた食べ物を，奪われてしまうこともあったことでしょう。そこで，自分の家族や親せきなど，信頼できる仲間と一緒に暮らすようになりました。

仲間であることを知らせるには，「合図」が必要です。

その合図が，だんだん挨拶になっていったのではないか。そんな一説があるのです。

つまり，挨拶というのは「あなたの味方ですよ」という意味が込められているものなのです。だから，その日初めて顔を合わせた人に挨拶をすると，相手の人は安心することができるのでしょう。

逆に，挨拶をしない人がいると，いやな気持ちになります。これは，相手に「あなたの敵ですよ」と感じさせてしまうからかもしれませんね。

このように，挨拶には大切な意味が込められているのです。

朝の始めは，しんどいものですが，元気に挨拶ができるようになりたいものですね。

46　おさそい言葉

最近，みなさんの声を聞いていると，「静かにしろよ！」「はやく座れよ！」などといった言葉が出ています。

お互いに注意し合えるのはとてもいいことです。

ただ，言葉の使い方が気になりますね。

友だちにものを伝える時の言葉づかいについて考えてみましょう。

言葉づかいには，次の３つの種類があります。

「命令言葉」は「～しろ！」「～するな！」という言い方です。

「おさそい言葉」は「～しよう」「～やめておこう」という言い方です。

「お願い言葉」は，「～してくれるかな」「～やめてくれるかな」という言い方です。

たとえば，静かにしてほしい時があったとします。

命令言葉なら「静かにしろよ！」，おさそい言葉なら「静かにしよう」，お願い言葉なら，「静かにしてくれるかな」となるわけです。

言われていやな気持ちになるのは，どれですか？

もちろん，命令言葉ですね。

おさそい言葉や，お願い言葉なら，どうでしょうか。

それほどいやな気持ちにはなりませんよね。

言っていることが正しいことであったとしても，言い方しだいで人を傷つけてしまうことがあります。

友だちにものを言う時には，「命令言葉」になっていないか，気をつけておくことが大切なのです。

47 おしゃべりの問題

図工や総合の授業では，自分の作品や作文づくりをしています。

その中で，友だちと相談する人がいます。相談するだけならいいのですが，それで盛り上がってしまって，そのままおしゃべりしてしまう人がいます。

おしゃべりは，問題です。

その人自身が集中できないというのもあります。

それとともに，ほかの人にとって，集中を妨げる影響を与えているのです。

こんな現象があります。

みんなが喋っている中で，あなたの名前を呼ばれたとしましょう。

大きなざわめきの中でも，不思議なことに，自分の名前を聞き分けることができるのです。

これを，「カクテルパーティ現象」と呼びます。

実は，人の脳は，いつも情報を収集しています。

その中で，自分に関係のある情報を取捨選択しているのです。

ということは，教室がワイワイガヤガヤしていると，その情報を頭の中で処理していることになります。

あなたが話すことによって，周りの人の頭を余計に働かせてしまっていることになるのです。

受験生の中には，集中するために，耳栓をする人がいます。

人が集中するためには，「静かな環境づくり」が大切なのです。

余計なおしゃべりは，周りの人が困るのです。

周りの人のことを，よく考えて行動しましょう。

48 挨拶で「気づく力」を身につけよう

学校では，挨拶のことをよく話しています。

挨拶は，人間関係の基本です。

挨拶ができない人は社会で信頼されません。どれだけ仕事ができても，勉強ができても，挨拶ができなければ信頼関係を築くことができないのです。

また，挨拶をすることは「気づく力の表れ」でもあります。

あるサッカーのコーチが言っていたお話を紹介します。

そのコーチは，何十年もサッカーのチームを見てきて，気づいたことがあるといいます。

それは「強いチームは，かならず挨拶ができる」ということです。

でも，ただ挨拶するだけじゃダメなのです。

自分から挨拶ができるようでないと，強くはならないそうです。

挨拶ができる人というのは，「気がつく人」なのです。

遠くに人がいるのを見つけて，「人が来ているな，あっ！　あの人は先生だ」と気づいて「おはようございます！」と言える人は，サッカーの試合中でも「いまドリブルで進んでいるけど，前から敵が来ているぞ。左にパスしよう」と気づいて動くことができるわけです。

「挨拶ができない人」は，気づかない人なのです。

前に人がいることすら気づきません。それはサッカーで言うと，ドリブルしている時に，敵にボールを取られてから「あ……」と言っている人と同じなのです。

このように，挨拶を自分からすると，「気づく力」をも身につけることもできるのです。

「気づく力」は，どのようなスポーツ，どのような仕事にも必要であり，役立つものです。

挨拶で，「気づく力」を身につけられるようにしましょう。

49　自由の相互承認

先週に，「授業中，人が話している時は静かにしましょう」と話をしました。

でも，どうして静かにしなくてはならないのでしょう。「自分の話したい時に声を発すること」の，何がいけないのでしょう。

そこで「自由の相互承認」という哲学の考えを紹介します。

私たちは，「自由」を持っています。

ここで言う「自由」というのは，「生きたいように生きられる」ということです。

詳しく言ってみれば，「できるだけ納得して，さらにできるなら満足して，生きたいように生きられているという実感」のことです。

「自由」と言っても，それはワガママをしていいということではありません。あまりにも「自由」を主張すると，他者とぶつかって，かえって自分の「自由」を失ってしまうことになってしまいます。

その最たるものが戦争です。戦争とは，権利の増大にしても，富の奪取(だっしゅ)にしても，根本はお互いの「自由」を主張し合う殺戮(さつりく)にほかならないのです。

「自由」を欲して，争わずにいられない人類が，お互いに平和に生きる道がないのか。それを追求し続けて，哲学者達のたどり着いた結論があります。

それが,「自由の相互承認」という考え方です。

自分が「自由」に「生きたいように生きる」ためにも,他者の「自由」をもまた認め,尊重できるようになる必要がある,とする考え方です。

つまり,「生きたいように生きる」という自由を守るためには,「ただし,ほかの人の自由を侵害しない限りで」という制約を設けなければならないのです。

これが,「静かにしなければならない」理由ではないかと思います。

しゃべりたいことがある。伝えたいことがある。その思いを持つことは大切です。ただ,あなたが声を発したいと思った時に,周りの人は授業の内容を聞きたいと思っているのかもしれません。

「人が話をしている時には,話をしない」

「みんなが集中して活動している時に,その邪魔をしない」

これらの決まりをきちんと守った上で,授業を受けられるようにしましょう。

50 「ありがとう」の反対は？

プリントを「どうぞ」と配っていると,「ありがとう」と返してくれる人がいます。「ありがとう」という言葉について,考えてみましょう。

上の反対の言葉といえば,下。右の反対の言葉は,左ですね。

実は,「ありがとう」という言葉にも,反対の言葉があるのです。

何なのか,わかりますか。

「ありがとう」とは,漢字で書くと,「有り難う」です。あるのが難しい。そのことに感謝する言葉なのです。

その反対を考えてみましょう。あるのが難しくない。普通のことだ。

つまり，「当たり前」。

「当たり前」が反対の言葉になるわけです。

人に何かをしてもらっているのに黙っているというのは，その人に対して「あなたがそれをやるのは当たり前だよ」と伝えていることと同じなのです。

１日の中で，人のお世話になる時は，きっとあるはずです。登下校を見守ってもらっていたり，給食を作ってもらったり，家でお家の人に洗濯，洗い物，食事の支度をしてもらったり……どんな時でも，人に何かをしてもらったら，きちんと「ありがとう」を伝えられるようにしたいですね。

51 良寛さんと船頭さん

昨日は，Ａくんが素敵な言葉を使っていました。

プリントを配ってもらって，「ありがとう」と伝えていました。

些細なことにも感謝できるのが，ステキなことだなあと思いました。

「ありがとう」という言葉について，１つお話を紹介します。

新潟県で生まれた良寛さんというお坊さんがいました。

いつも貧しい暮らしをしていましたが，その言葉は常に人を力づけ，温かく，明るい気持ちにする人だったそうです。

だから，多くの人に慕われていました。

そんな中，良寛さんをねたんでいる人がいました。

渡し船の船頭さんです。船頭さんは，「いつか良寛が自分の船に１人で乗ってきたら落としてやろう」と考えていました。

その日はすぐにやって来ました。そして，川の真ん中まで来たところで，船をゆらゆら揺らして良寛さんを船から落としてしまいます。

良寛さんは泳げません。だから，溺れて死にそうになりました。

船頭さんも殺すつもりもありませんから，「もう，これぐらいで勘弁してやるか」と良寛さんを引っ張り上げました。

さて，良寛さんは，このあと船頭さんに向かってなんと言ったのでしょうか。普通なら，怒ってもおかしくなさそうです。

でも，良寛さんは，「ありがとう」と言ったのです。

良寛さんは，次のように言ったそうです。

「あなたは命の恩人だ。助けてくださってありがとう。

このご恩は，一生忘れません」

おそらく，良寛さんは，船頭さんがわざと落としていることに気づいていたはずです。

でも，助けてもらったお礼しか言わなかったのです。

それを機に，船頭さんはまじめな人間になることを決めたそうです。

ありがとうは，人の心に影響を与える言葉なのです。

どんなことにも，「ありがとう」が言えるといいですね。

Aくんや良寛さんのように。

52　一日十善

今日は田口信教(のぶたか)さんという方のお話を紹介します。

田口さんは，水泳平泳ぎの選手でした。

オリンピックへ出るほどの選手でしたが，ある悩みがありました。

決勝戦にまで残ることができるのですが，どうしても金メダルが取れなかったのです。

１位と２位の差は，１秒くらいです。

長さで言うと，わずか２㎝なのです。つまり，実力にほとんど差がないのです。

田口さんは，実力以外の何かが金メダルと銀メダルを分けていると考えました。それは，「運ではないか」と思うようになったのです。

田口さんは，猛練習をしました。それと同時に，運を高めるための取り組みを始めました。田口さんは，高校時代の先生が「悪い行いをすると運が逃げていく」と言っていたことを思い出しました。

そこで，「いいこと」をしようと決めたのです。

「いいこと」というのは，「善」と言います。

田口さんは，「一日一善」と書き，家の壁に貼りました。

しかし，これを見たコーチは，「一日一善で金メダルを取れるなら簡単だ」と言って，一善の一に，たての棒を書き足したのです。

こうして田口さんは，一日十善することになりました。

一から十に増えたのですから，驚いたことでしょうね。実際に十個もいいことを探すのは，大変なことだったそうです。バスで席を譲ったり，ランニング中にごみを拾ったり……

でも，そういう善の行いを積み上げ，猛練習をした結果，ミュンヘンオリンピックで金メダルを取ることができたのです。

先生も，この話を聞いてから，善の行いをしようとしてみましたが，なかなか難しいなあと思いました。

十善やるというのは，本当に難しいことだと思います。みなさんは，一日に何善することができているでしょうか。数えてみましょう。

53 立つより返事

みなさんは，よい返事ができていますか。

実は，返事の「ハイ」は漢字で書くことができます。

「拝」と書きます。これは「おがむ」と読みます。おがむというのは，「感謝すること」や「尊敬していること」を表しています。

「立つより返事」という言葉があります。

呼ばれたら立ち上がりますが，それよりもまずは「ハイッ」と大きな返事をしましょう，ということです。

学校生活の中で，名前を呼ばれる機会はよくあります。

どんな時でも，返事はすぐに，ハッキリと。

よい返事は，感謝と尊敬のある人間関係を築くことにつながります。

「ハイ」という返事をする時には，どんな返事をこころがければよいのでしょうか。意味を考えて，きちんと返事できるようになりましょう。

54 割れ窓理論

アメリカで，ある実験が行われました。街の中に，車を置いておきます。

１週間そのままにします。何も起きませんでした。

次に同じ車で，窓ガラスを１枚だけ割ってそのまま置いておきました。

１週間後，その車はどうなったでしょうか。

なんと，ボロボロになっていたのです。

窓が割れたままにされていると，「何をしてもよい」と感じるようになります。

車の周りにポイ捨てをするようになります。そうすると，その車を見ている人は「となりの窓も割っていいかな」と考えます。となりの窓が割られます。

「お金になりそうな部品は持っていこう」と思うようになります。

タイヤが取られ，部品が取られていきます。こうして車はボロボロになるのです。

これは教室でも同じことが言えます。

ゴミが落ちたままになっている。

そうすると，ほかの物もいい加減に置かれるようになります。「何をしてもいいんだ」という雰囲気になります。自分勝手な行動が増えます。そして，ケンカやもめ事が起こってしまうことにつながるのです。

大切なのは，「割れ窓」を防ぐことです。教室には，いくつもの「割れ窓」のような状態があります。何なのか，考えてみましょう。

55 「いただきます」ってどういう意味？

給食で，たくさん残してしまう人がいます。

もちろん，無理せずに食べられる分でよいのです。でも，何も考えずに残食してしまうのは，よくないことですよ。

私たちは，食べる時に，「いただきます」と言いますね。

「いただく」とは，「いのち」をいただいているのです。

生き物は，食べ物の命をもらうことで，生きることができるのです。

例えば，ここに２きれのマグロがあったとしましょう。

マグロは生きている中で，1000匹のイワシを食べるそうです。

1000匹のイワシは，アミエビを約５億匹食べている。

５億匹のアミエビは，５兆のプランクトンを食べているのです。

　ちなみに，２きれのマグロというのは，人間が 20 分生きられるくらいのエネルギーだそうです。

　つまり，私たちは，20 分生きるために，マグロ２きれを食べ，1000 匹のイワシと，アミエビ約５億匹，プランクトン約５兆の命をいただいているというわけです。

　私たちが今生きていられるのは，多くの命が支えてくれているからこそだということです。

「いただきます」という言葉を言う時には，たくさんの命をいただいていることへの感謝の気持ちを込めながら食べましょう。

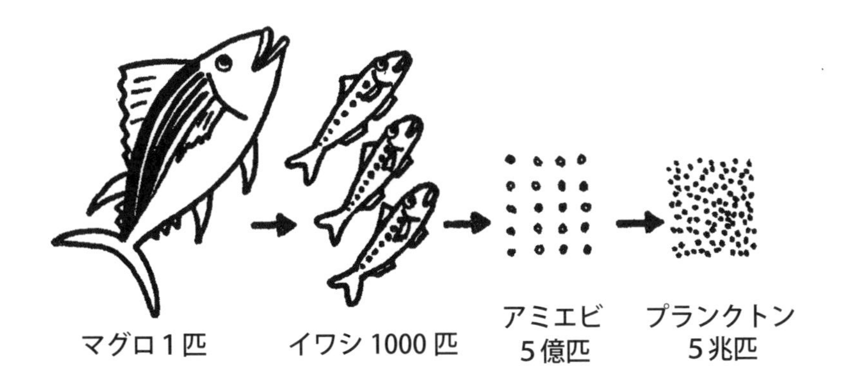

学級通信は朝に読み上げる

学級通信は，いつ，どのようにして配布するとよいのでしょうか。
配布のタイミングや方法は，先生によって様々です。

私は，朝の会の時間内で，子ども達へ配布しています。
「朝の先生のお話の時間」のような時間がありませんか。
そういう時間を使って配るのです。
通信を配り終えたら，書かれている言葉をすべて読み上げます。
ゆっくりじっくり，語りかけるように伝えます。
学級通信には，基本的にポジティブなことが多く書かれています。
子どもたちは，「今日の学級通信には，どんなことが載っているのかな」と楽しみにしてくれるようになります。
また，注意を促したいときにも効果的。本書の「イイ話」を載せていれば，戒めを伝える時間にもなります。

このようにして朝の時間で学級通信を読み上げるやり方は，「子どもの前で話すのが苦手」という先生にとっても良い方法です。
なんといっても，原稿が手元にあるわけです。
それを読み上げるだけでよいのです。
じっくりと，間をあけたり，説明を加えたりしながら，子どもに伝わるように表現豊かに話せるようにしましょう。
子どもも，学級通信に見入っていますので，「視線のプレッシャー」もありません。

朝の会に読み上げることで，子どもも教師も気持ちよく，すがすがしく，教室での１日をスタートさせられるわけです。
さわやかな１日の始まりに，本書の小話を活用してみてください。

Ⅵ　人間関係の小話

子ども達は，学校生活で人間関係について学びます。時に悩み，時に傷つき，そうやってよりよい人間関係のつくり方を学んでいくのです。人間関係について考えさせるための小話を紹介します。

56　かごに乗る人　かつぐ人

「学級委員だからってずるい」「班長だからってずるい」。

この頃，そういう不満の声を聞くことがあります。

こんな歌があります。

「かごに乗る人　かつぐ人　そのまたわらじをつくる人」

昔，江戸時代の頃には，かごに乗る人がいました。

かごには大名など，えらい人が乗っていました。

それをかつぐ人がいました。

そして，かついでいる人のわらじをつくってくれている人もいました。

さて，この中で一番大変な人はだれでしょうか。

答えは……みんな大変なのです。

かつぐ人は，重いでしょうね。

わらじをつくるのだって，寒い日にはこたえたことでしょう。

ただ，だからといって，かごに乗る人が楽かといえば，そういうわけでもないのです。

大名などは，命を狙われることがあった。かごごと襲われることもあったし，寝ているスキに攻撃を受けることだってありました。

大名には大名の重圧があるのです。

だから，だれが大変とか，だれが楽とか，そういうことではないのです。

どの立場の人もいなければ，社会は成り立ちません。

そして，それぞれの立場で，それぞれの辛さがあるものなのです。

学級委員や班長だって，傍から見ればえらそうに見えるかもしれない。

でも，「みんなの前に立つ」という重圧と，常に戦っているのです。

人のやり方に不満を持つのではなく，今の自分の立場からできることを，一生懸命にやりましょうね。

57 嫌われる性格とは

時々，自分勝手な行動について，厳しく叱っています。もしかすると，「そんな厳しく叱らなくても」と思う人もいるかもしれませんが，ダメなことはダメなのです。

世の中には，いろんな性格の人がいます。

明るい人，面白い人，暗い人，怒りっぽい人……

その中でも，１番嫌われやすい性格があります。

それは，「自分勝手」なのです。

自分勝手な人は，嫌われる。それは，自然の摂理とも言えるでしょう。

たとえば，あなたがサル山に住むサルだとしましょう。ここに，自分勝手なサルＡと，いつだって周りのために動くサルＢがいるとする。

どちらかを，このサル山のリーダーにしなくてはいけない。

あなたなら，どちらを選ぶでしょうか。

当然，サルＢを選びますよね。

もしもサルＡを選んだとすれば，自分勝手なので，サルＡ自身に都合のいいようにばかりしてしまうでしょう。そんなサルを，応援したくないよね。周りのために行動できるサルＢを選べば，周りのこと，サル山全体のことを，きっと大切にしてくれる。だから応援しようと思うわけです。

自分勝手な行動というのは，その瞬間はとても心地いい。でも，結局は，まわりまわって不幸になる。

なぜかというと，周りが応援してくれなくなるからなのです。

周りの人のために動けば，その瞬間は大変かもしれないけれども，大きな力を得ることになると言えますね。

先生としては，やっぱり君たちには幸せになってほしいと思う。だから，自分勝手な行動には，厳しく注意しますよ。

58 出入り口

出入り口という言葉があります。

「入り出口」とは言いませんね。出入り口です。

出るのが先で，入るのは後。電車なんかは，降りる人は先ですよね。

水泳選手は，息継ぎの練習をします。

何よりもまずやるのは，息の吐き方。

水中でブクブクと息を吐く。そうすると，顔を上げた時，口をパッと開くだけで，息が入ってくるのです。

出るのが先で，入るのは後。

トイレは，入るのと出るのと，どっちが先でしょうか。

もちろん，出るのが先ですよね。

入るのが先だと，大変なことになってしまいますね。

人のために何かする。これだって，出るということ。

何かをしてもらう。これが，入るということ。

「周りは何もしてくれない」と嘆いている人がいます。

そういう人は，自分自身が誰かのために行動できているでしょうか。

まずは，自分が動きましょう。そうすることで，周りも変わっていくものなのです。

59 譲（ゆず）れる部分をつくる

最近，時々クラス内でケンカが起こります。

自分の譲れない信念を持っているのは，ある意味で言えば大事なことです。

でも，それと，譲れる部分も兼ね備えることができたら，よりよいと言えるでしょう。

バスケットボールには，ピボットという動きがあります。バスケットボールには，ボールを持ったままでは３歩までしか歩けないというルールがあるため，３歩目は，片足を軸足にして，もう片方の足を動き回らせるようにするのです。

動かす足と，動かさない足があるわけです。

動かさない足は，譲れない部分。動かす足は，譲れる部分のことです。

今，あなたは，動かせる足を持っていますか。

「全部譲らない！」としてしまうのは，どちらの足も動かせない人と同じです。バスケットボールでそれをやると，転んでしまいます。

そうじゃなくて，譲らない部分と，譲れる部分をつくるといいのです。

譲れない部分は動かさずに，譲れる部分を動かすのです。

たとえば，「ここだけは守りたいけど，ここは相手の言い分を聞いてあげよう」というように，やわらかく考えるようにするのです。

何度もケンカをくり返してしまう人は，自分の中で譲れる部分をつくってみると良いですね。

60 シャンパンタワー

昨日は，自分のことが終わってから，みんなのためにパッと動いてくれる人がいました。ほかの人のために，自分の力を使えるのは，本当に素敵なことだなあと思います。

シャンパンタワーというものがあります。

グラスを積み上げて，１番上のグラスに飲み物を入れます。そうすると，上のお酒が満タンになる。

その後，さらに飲み物を入れます。どうなるのか，分かりますか？
ツーッと垂れて下のグラスに溜まっていくのです。
段々，だんだん下のグラスへと溜まっていく。
しだいに，全てのグラスに飲み物が入るのです。
人のために何かをするっていうのは，これに似ています。
１番上のグラスが，自分のこと。下にあるグラスは，周りの友だち。
自分のやるべきことをきちんとやって，余った力をほかに注ぎ込んでいくということです。
だから，まずは自分のやるべきことを真剣にやりきりましょう。
それで，余裕のできた時間を使って，友だちのために行動することができれば素敵ですね。

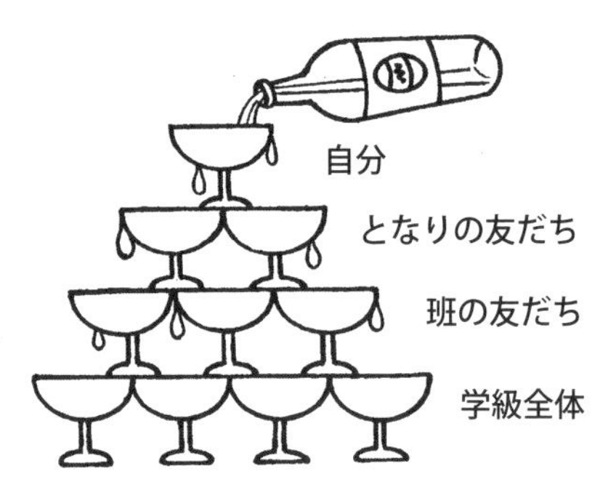

61 ヤマアラシのジレンマ

今日は，ケンカが起こりました。無事２人とも仲直りをすることができました。ケンカは，よくないことばかりではありません。ケンカから学ぶことだってあるのです。
ヤマアラシのお話をします。
ヤマアラシは，背中に長いハリのような毛を持っている動物です。ヤマアラシは，寒くなると，他のヤマアラシとお互いに身を寄せ合います。

するとだ……困ったことが起こります。

お互いのとげが刺さってしまうのです。

かといって，離れすぎても寒いですね。

ヤマアラシは，くっつき合って痛い思いをしたり，離れ合って寒い思いをすることによって，痛くなくて，お互いをあたため合える丁度いい距離を見つけ出します。これを，「ヤマアラシのジレンマ」と言います。

友だちと仲良くなることは，このヤマアラシの行動とよく似ています。

友だちと親しくなると，近づき過ぎます。そうなると，言い過ぎてしまったり，小さなことで怒ったりして，お互いを傷つけ合ってしまうことがあります。

傷つけ合うと，離れたくなります。でも，離れるのもさびしいものです。また，近づいていきます。そうやって，友だちとの丁度いい距離を見つけ出すのです。

ケンカをしてしまった人は，そこから友だちとの距離について考えてみるといいかもしれませんね。「これを言ったら相手が傷つくんだな」「でも，離れてしまうのはさびしいな」。そうやってくっついたり離れたりすることを通じて，だんだん２人の丁度いい距離を見つけられるといいですね。

62 ヒーローのカッコよさ

Ａくんは，さりげなく窓を閉めてくれていました。すごいです。

だれかにほめられるわけでもなく，そういうことをこっそりできるのがすばらしい。

まるで，ヒーローのようです。

さて，少し考えてみましょう。

ヒーローって，カッコいいですよね。

でも，なぜ私たちはヒーローのことをカッコいいと感じるのでしょうか。

「強いから」「悪者を倒せるから」など，いろいろな理由がありますね。

でも１番の理由は，「人に知られずにいいことができるから」なのではないでしょうか。

もしもヒーローがこんなことを言い出したらどうでしょう。

「僕が悪者をやっつけてあげたんだよ。お礼を言ってよね」

これだと，全くカッコよくありませんね。

ヒーローは，「ありがとう」と言われたいからじゃなくて，純粋に人のために動こうとしているからカッコいいのでしょう。

Ａくんも，ほめられるためではなく，本当にクラスの人のことを思って動いてくれていました。

やっていることは違うけど，ヒーローと同じなのです。

クラスに，ヒーローがたくさん生まれるといいなあと願っています。

63 One for All, All for One

ラグビーの世界で大切にされている言葉があります。

「１人はみんなのために　みんなは１人のために」

英語では，「One for All, All for One」と言います。

『三銃士』という小説の中で，３人の剣士が友情を確かめ合うために誓い合った言葉として知られるようになりました。

それを，早稲田ラグビー部がモットーとして取り上げ，いまや日本のラグビー協会のキャッチフレーズとなっています。

１人が，クラスみんなをよくするために努力をする。
そして，１人が困っている時には，クラスみんなが力を貸す。
そんな力の合わせ方ができるようになれれば素敵ですよね。

64 福沢先生の学び方

総合では，グループでの学習を進めています。
授業の中でも，「グループで話し合い」をしながら進める活動があります。
どうして，グループで協力する必要があるのでしょうか。
それは，友だちと学んだ方が，より深く学ぶことができるからです。
みなさんは，福沢諭吉という人を知っていますか？
『学問のすすめ』という本を書き，日本の近代化を進めた教育者です。
１万円札にも印刷されていますね。
福沢諭吉は，海外のことを知ろうと思い，一晩中外国語の勉強をしました。
当時日本の中ではオランダ語が主流でしたので，一生懸命オランダ語を覚えました。
夜通しずっと机に向かって勉強をする。トントントンという朝ごはんをつくる包丁の音がしたら寝る。「朝ごはんできたよ」って言われたら起きる。食べたらまた勉強する。そんな生活をくり返していたそうです。
しかし，ある時横浜の街に出かけて，ショックを受けます。
読めるはずの外国の文字が，読めないのです。
なんと……書かれていたのはオランダ語ではなく，英語だったのです。今でこそ，世界の言葉といえば英語が中心ですが，その昔は，オランダ語が中心になると思われていたのです。

福沢先生は，一体どう思ったでしょう。きっと，ものすごいショックだったでしょうね。絶望はしたけれども，このまま何もしないでいても，英語が話せるようにはならない。

そこで，福沢先生は，ある方法に出ます。

それは，「一緒に英語を学ぶ仲間を探す」ということです。

とにかく，英語を一緒に勉強する人を探したのです。

勉強するのに最も効率のいい方法は，人と共に学ぶことだと福沢先生は考えていたのでしょう。

これは，教室でも同じことです。１人でやると，どうしても「このくらいでいいかな」とあきらめてしまいがちです。

でも，みんなで勉強すれば，励まし合い，分からないことは教え合うことができます。

１人でやるよりも，隣の人や，班の人，学級全体で力を合わせた方が，より早く深く賢くなることができるということ。グループでの学習というのは，実はとても効率よい学習方法なのです。

グループみんなで助け合いながら，学習を進めていきましょう。

65 悪口の郵便屋さんにならないように

「Ａさんがあなたの悪口を言っていたよ」などと，悪い噂を本人に伝えてしまう人がいます。そういう人のことを，「悪口の郵便屋さん」と言います。

もしかすると，その郵便屋さんは，相手のことを思って届けているのかもしれません。でも，直接自分が言ったことではなくても，自分がその悪口を配達することで，結果的に相手を傷つけているのです。
本当に相手のことを思うのであれば，配達をしないで，自分のところで処分しておくとよいのです。自分の胸の中にしまうことです。
自分の胸の中にしまいきれない時には，先生やお家の人に相談しましょう。
また，あなたが配達される方になった時，つまり「Ａさんがあなたの悪口を言っていたよ」と言われた時に，その言葉をそのまま信じてもいけません。
本人が本当にそれを言っていたかどうかは，分からないのです。
もしかすると，違う意味で言っていたのかもしれない。誤解かもしれません。したがって，悪口の郵便物も受け取る必要はありません。
悪口の郵便屋さんにならないこと。
そして，悪口の郵便物が届いた時には受け取らないこと。
気をつけましょう。

66　キツネの道案内

道徳では，「ウソをつくこと」について考えました。「１度もウソをついたことがない人」は，いるのでしょうか。いませんよね。時々，私たちはウソをついてしまうことがあります。
人の信頼を失うウソがあります。一方で，思いやりのウソもあります。ウソをつくって，なんだろう。みんなで意見を出し合いながら考えました。
「キツネの道案内」というお話があります。
むかしむかし，キツネは交差点に立って，旅をする人に道案内をしていました。しかし，道案内をするフリをして，本当は違う道を教えていたのです。キツネは，案内した人たちが間違った道へ進み，困っている姿を見て，楽しんでいたのです。

ある時キツネは旅へ出かけることにしました。交差点で，行き先が分からなくなりました。

通りかかったクマは，右だよと教えてくれました。

キツネはどちらへ進んだのでしょうか。

なんと，キツネは左へ進んだのです。キツネは，自分がウソをつくから，みんなもウソをつくものだと思っています。だから，左へ進むことにしました。キツネは道に迷い，いつまでたっても目的地へたどり着くことはありませんでした。

ウソをつくことで楽しんでいると，これからの人生において出会う人，１人１人を疑わねばなりません。ウソをついて人を騙すことで，自分自身が辛い思いをすることになってしまうかもしれないのです。

悪いウソをついてしまう人は，やめるようにしましょうね。

Ⅶ　励ましの小話

思春期にさしかかる子ども達は，様々な心の変化を起こします。落ち込んでしまって，前が見えなくなるようなこともあるでしょう。勇気が出ずに，チャレンジできないこともあるでしょう。そんな時に子ども達を励ます小話をおくりましょう。

67　野口英世の努力

テストの結果がよくなくて，「悔しい」と感じている人が多く見られます。

そういう「悔しいな」と思う気持ちは，誰にでもあるものです。悔しいと思うことがバネになって，あなたの力を高めてくれます。

みなさんは，千円札に載っている顔の人を知っていますか。

そうですね。野口英世です。野口英世は，世界で活躍した日本を代表するお医者さんです。

実は，野口英世は，赤ちゃんのころに大きなけがをしていました。

いろりの中に落ちてしまい，手が焼けて，指がくっついてしまったのです。そのせいで，「てんぼう」と呼ばれて友だちからいじめられていました。てんぼうというのは，手が棒のようだという意味です。

野口英世は，けがをしているからこそ，誰にも負けないくらい勉強をするようになりました。そして学校で１番の成績を取りました。

その努力を友だちも認めてくれました。その後，野口英世の書いた作文を聞いて，友だちが手を治す手術のお金を集めてくれました。野口英世は手術を受け，手を動かせるようになりました。そこで医学の素晴らしさを知り，自分もお医者さんになろうと決意したのです。そして，世界を救うような偉業を成し遂げてみせたのです。

悔しい思いは，誰にでもあるものです。悔しい思いをした時に，人は２つの道からどちらかを選ぶことができます。

１つの道は，いじける道です。

「どうせ自分なんて，できないんだ」とふてくされるのです。ジャイアンにいじめられて「ドラえもーん」と泣いているのびた君みたいになるのです。
　もう１つは，がんばる道です。「悔しいからこそ，がんばろう」と努力するのです。
　がんばる道に行くためのコツがあります。それは「こそ」という言葉です。できない理由の語尾に「こそ」をつけてみるといいのです。
「頭が悪いから……」ではなく，「頭が悪いからこそ！」。
「背が低いから……」ではなく「背が低いからこそ！」。

　いじける道か，それとも野口英世のように悔しさをバネにがんばる道か，どちらを選ぶかで人生は大きく変わります。「悔しいな」と感じる気持ちをバネにして，自分の力を高めていきましょう。

68　悩んだ分だけ強くなる

　悩んだら，悩んだ分だけ強くなれるのです。
　みんなの中で，鉄棒をしていてマメができたことがある人はいますか。鉄棒をすると，手の皮がヒリヒリして痛くなります。でも，３日もたてば，その手の皮がかたくなります。これが，マメです。
　それは，自分の身体を守ろうとするからです。
　骨だってそうです。１度骨折した場所は，もう２度と折れないくらいに強くなるそうです。
　心だって，それは同じなのです。傷ついても，それで日がたつと，前より強い自分になることができます。
　そう考えると，心が痛む人は，ある意味で言えば，いいチャンスかもしれません。少しずつ，強くなりましょう。

69 塞翁（さいおう）が馬

時々，物事がうまくいかなくて，落ち込んでしまう人がいます。

でも，それが必ずしも，起こったことが辛いこととは限りません。

「塞翁が馬」というお話があります。

あるおじいさんが１頭きりの馬で田んぼを耕していたところ，その馬が逃げてしまいました。

村人が「災難だったな」と言うと，おじいさんはこう答えました。

「さあ，どうかな」

次の日，その馬が別の馬２匹を連れて帰ってきました。

村人が「よかったじゃないか」と言うと，おじいさんが答えました。

「さあ，どうかな」

おじいさんの息子が，新しい馬に乗っていると，落ちて，足を折ってしまいました。

村人が「これは災難だな」と言いました。

やっぱり「さあ，どうかな」と答えたのです。

次の日，村へ兵隊がやって来て，村中の男を戦争に連れ出して行き，ほとんどが戦死しました。

しかし，息子はけがをしていたので，戦争に行かなくてすみました。

このお話のように，あらゆることは，幸せなことなのか，不幸なことなのかはわからないのです。

うまくいかない時は，「さあ，どうかな」と気持ちを切りかえてみましょう。いやなことがあったからこそ，得られる何かがあるかもしれません。

70　ノミのジャンプ

時々授業中に，「えー，無理だよ」という声が聞こえます。

これは，よくありませんね。「自分にはできない」と思っていると，本当はできるはずなのにできなくなってしまうことがあるのです。

ノミという虫の話を紹介しましょう。

ノミは，犬や猫の体に住む小さな虫です。足がとても強くて，30㎝も跳ぶことができるのです。ノミのジャンプについて，こんな実験があります。30㎝跳ぶことのできるノミを，高さ10㎝のコップに入れて，上からふたをします。ノミは何とか逃げ出そうとして，ジャンプをくり返します。

ガンガン天井にぶつかるノミは，しだいにジャンプを低くしていきます。天井にぶつからないように，10㎝の天井に届かないくらいしか跳ばないようになってしまいます。

ふたを取りました。

ノミは，どこまで跳ぶことができるでしょうか。

なんと，10㎝なのです。

ジャンプ力は，もうもとに戻らなくなってしまっているのです。本当は，跳べるはずなのに，もう跳べないと思っているのです。

「自分にはこれだけしかできない。無理だ」

そのような考えは，「10㎝しか跳べない」と考えているノミと同じです。そんなことはない。跳べると思えば，跳べるのです。

できると思えば，できるのです。まずは，自分の力を，信じましょう。

71　円と短所

人のダメな部分ばかり気になってしまう人がいます。人のいいところにも目を向けられるようになりたいですね。

人のよいところを長所，ダメなところを短所と言います。

長所と短所のお話を紹介します。

ここに，２つの円があります。

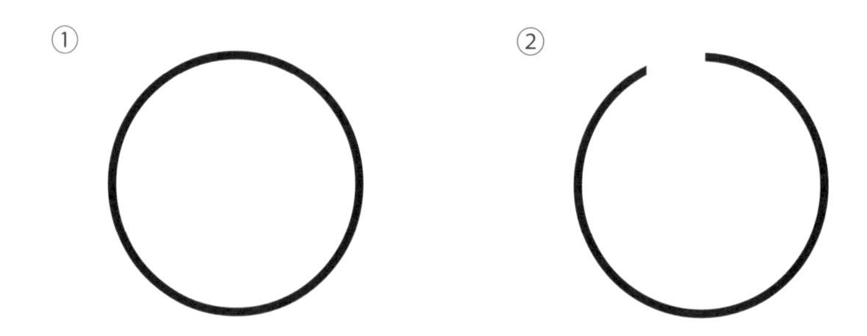

２つの円のうち，どちらが気になりますか。

②が気になりますね。この空いている部分に目がいきますね。

でも，他の部分は綺麗につながっているのです。

この空いている部分が，人で言うと短所なのです。

人は，つい短所に目を向けてしまいます。でも，人は誰だって短所を持っているものなのです。

その短所に目を向けて，「あの人は口うるさいからいやだ」「あの人は自分勝手だからいやだ」などと文句を言いながら生きていくのか。

それとも「あの人は，細かいところにもよく気がついてすごい」「あの人は，自分らしさを大切にしているのがよいところだ」と，たくさんの長所に目を向けるのか。

どういう風に他人を見るのかは，自分しだいです。

友だちの長所と短所，あなたはどちらに目を向けますか。

72 ドミノ倒し

昨日は，学年のボールゲーム大会で負けてしまいました。

悔しいですね。

でも，この負けも，クラスの成長にとって必要な出来事だと，先生は思います。

ドミノ倒しという遊びを知っていますか。

将棋の駒のような板を立てて，順番に倒していく遊びです。ドミノ倒しの世界記録は，オランダで記録された449万1863個です。

さて，考えてほしいことがあります。

449万1863個のドミノの中で，１番重要なドミノはどれでしょうか。

１番初めのドミノですか。それとも，最後のドミノでしょうか。

どれも，重要ですよね。

どれか１つでも倒れなかったら，ドミノ倒しはそこで終了ですから。

これは，生きていく上でも同じなのです。

ゲームに負けてしまうことも，きっと重要なことなのです。

負けたことをバネにして，「もっとできることは何だろうか」と考えていけばよいのです。負けがあったからこそ，学べることがある。

そうやって，出来事を前向きに受け止められるようになりましょう。

73 失敗から生まれた発明品

大きなミスをいやがる人が多く見られます。でも，失敗から，思ってもみなかった成果が得られることだってあるのです。

ある発明品の話を紹介します。

1968年，アメリカでは超強力な接着剤をつくる研究が進められていました。その中で「何につけてもくっつかない接着剤」ができてしまいました。

「なんだ，失敗作だ」とみんなが落ち込んでいる中で，同じ会社の人が,「まって。これ……アレに使えるんじゃない？」と提案しました。

そして，文房具として使われるようになり，世界 100 ヵ国に流通しました。

その文房具とは，「ふせん」です。

実はこの人，教会で合唱をする時に，毎日紙をはさんでいたのですが，ページを開くたびに落ちるのでイライラしていたのです。

そこで,「くっつかない接着剤」で紙をくっつけてはさんでみると,思ったよりもよいものになり,商品として売れるようになったのです。

だから，失敗なんてないのです。

「できあがった物を，どう成功へとつなげるのか」

この発想の切り替えが重要なのです。

失敗をおそれている人は，失敗をしてもいい。

その失敗を，どう活かすかを考えるようにしましょう。

74 オフサイド

「どうして，思い通りにいかないんだろう」と落ち込んでしまう人がいます。思い通りにいかない。だからこそ，人生は面白くなる。そう考えてみませんか。

たとえば，サッカーには，オフサイドというルールがあります。

ざっくりと言うと「相手チームの人がいないのに，ゴール前でボールをもらってはいけない」というルールです。

選手にしてみれば，鬱陶しいルールでしょうね。敵のいないところでボールをもらえたとすれば，ゴールにポンと蹴るだけで点数になるのですから。「オフサイドというルールさえ無ければ……」なんて考えたくなります。

さて，想像してみましょう。もしもオフサイドがなければ，どんなゲームが繰り広げられるでしょうか。

ゴール前でボールを受けて，シュートする。そんな単純なゲームが行われるようになることでしょう。それは，つまらないでしょうね。

このオフサイドというルールがあるからこそ，作戦を立て，戦略を練り，世界中の人が熱狂するようなゲームが繰り広げられるようになっているわけです。

「思うようにいかない」というのは，人生を楽しむための要素ととらえてよいのかもしれません。思い通りにならないことを楽しんでしまいましょう。

75 油絵のように生きる

「なんて失敗をしてしまったんだ……もう，自分なんてダメだ」

学校で過ごしている中では，そう思えてしまうこともあるかもしれません。

でも，人生は，いくらでもやり直しがきくものです。

絵のお話をしましょう。絵の塗り方には２つあります。

１つは，みんながやってる水彩画。

水と絵の具で紙に絵を描きます。

一度描いたら，それで完成。もう手を加えることはできません。

もう１つは，油絵。油絵は，絵の具をべったりと塗り重ねます。

べったり塗るから，下の絵は見えなくなります。

お金のない昔の絵描きさんたちなんかは，１つ描いた絵の上に違う絵を塗り重ねて描いていたそうです。

２つのうち，やり直しができるのは，どちらの塗り方でしょうか。

油絵の方ですね。

人生というのは，言ってみれば油絵のようなもの。

「失敗したな」と感じるならば，上から違う色を描き足せばいい。

何回も何回も違う絵の具を描き足して，最終的に，自分の思い描く通りになればいいのです。

だから，失敗しても大丈夫です。

ここから，新しい自分を描いていきましょう。

76 フグと消極性

なかなか積極的になれない人がいます。でも，だからといって「僕はダメだ」なんて落ち込む必要もありません。

積極的な人もいれば，消極的な人もいる。

それでこそ，世の中は成り立つのですから。

みなさんは，フグを食べたことはありますか。

フグは，毒を持っています。今でこそ毒を取り食べられるようになりましたが，昔は食べると死んでしまうかもしれない危険な食べ物でした。

でも，とってもおいしいのです。

昔の人たちは，フグを見て考えました。

食べたい。でも，食べたら死ぬかもしれない……

一部の人は，「よし，食べよう」と考えました。

一部の人は，「危ないからやめておこう」と考えました。

挑戦しようとして命を落とす人と，挑戦せずに生き続ける人。そういう役割があって，人間は新しい道を発見しつつ，命を繋いできたわけです。

もしも全員が「よーし，フグ食べよう！」となってしまうと……

人類が滅亡してしまうかもしれません。

だから，手を挙げられない人は，「ああ，やっぱり僕はダメだなあ」と思う必要はないのです。そういう人もいていいのです。

消極的な態度の人も，社会全体を考えた時には，必要となることもあるのです。自信を持ちましょう。

77 マイケル・ジョーダンの失敗

「失敗して，いやになってしまった」という声を時々耳にします。

失敗することは，こわいことかもしれません。

でも，挑戦しなければ，成功することもできません。

みなさんは，マイケル・ジョーダン選手を知っていますか。彼は，アメリカのバスケットボール選手です。

ロサンゼルスオリンピックで金メダルを取り，様々な賞を獲得し，人々からは「バスケットボールの神様」と呼ばれています。

さて，そんなマイケル選手，高校時代の最初の成績はどうだったのだと思いますか。バリバリ活躍していそうですよね。

でも実は，補欠だったのです。

マイケル選手は，高校に入ってからは，身長が足りず，レギュラーメンバーに入ることができなかったのです。

でも，マイケル選手はこのように言っています。

「私は 9000 回以上もシュートを外し，約 300 試合に敗れ，チームの勝利を左右する大事な場面をまかされてもそれを外した。26 回も。私は人生で何度も何度も失敗を重ねてきた。だから私は成功した」

失敗があるからこそ，得られることがあるのです。

マイケル選手のように，失敗を糧にして，がんばってみましょう！

参考文献

大泉書店編集部編『10代のための座右の銘』大泉書店，2015年

西沢泰生著『読むだけでポジティブになれる超一流の人のちょっと深い話』アスコム，2016年

マーガレット・シルフ編『世界中から集めた深い知恵の話100』女子パウロ会，2005年

戸田智弘著『ものの見方が変わる　座右の寓話』ディスカヴァー・トゥエンティワン，2017年

廣川州伸著『仕事に効く　人生に役立つ　大人のための「寓話」50選』辰巳出版，2020年

アネット・シモンズ著『プロフェッショナルは「ストーリー」で伝える』海と月社，2012年

齋藤孝著『齋藤孝の勉強のチカラ！』宝島社，2005年

ひすいこたろう著『３秒でもっとハッピーになる　名言セラピー＋』ディスカヴァー・トゥエンティワン，2006年

「座右の銘」研究会編『こども座右の銘　思考力と判断力，そして豊かな心を育む』メトロポリタンプレス，2012年

西沢泰生著『小さな幸せに気づかせてくれる33の物語と90の名言』かんき出版，2014年

三好真史著『子どもが変わる３分間ストーリー』フォーラムA，2017年

三好真史著『子どもが変わる３分間ストーリー２』フォーラムA，2019年

苫野一徳著『勉強するのは何のため？　―僕らの「答え」のつくり方―』日本評論社，2013年

著者紹介

三好真史

1986年，笑いの都 大阪に生まれる。授業へユーモアを取り入れたくて，「漫才塾」に通う。漫才の地方大会でプロ漫才師に勝利し，優勝をおさめる。

堺市立小学校教諭。メンタル心理カウンセラー。

教育サークル「大阪ふくえくぼ」代表。

著書に『子どもがつながる！　クラスがまとまる！　学級あそび 101』（学陽書房），『教師の言葉かけ大全』（東洋館出版），『スキマ時間で大盛り上がり！　楽しい教室クイズ 77』『おカタい授業にクスリと笑いを！　教室ギャグ 77』（黎明書房）等がある。

＊イラスト：伊東美貴

そのまま使える！　学級通信のイイ話 77

2021年7月25日　初版発行
2021年12月5日　2刷発行

著　者　三好真史
発行者　武馬久仁裕
印　刷　株式会社太洋社
製　本　株式会社太洋社

発行所　株式会社　黎明書房

〒460-0002　名古屋市中区丸の内 3-6-27　EBS ビル　☎ 052-962-3045
FAX 052-951-9065　振替・00880-1-59001
〒101-0047　東京連絡所・千代田区内神田 1-4-9　松苗ビル4階
☎ 03-3268-3470

落丁本・乱丁本はお取替します。
ISBN978-4-654-00404-1